Martin Beisert

TABU
worüber man nicht spricht

Ein Ratgeber; so kommt man leichter durchs Leben

Verlag & Druck: tredition GmbH Hamburg
 ISBN: 978-3-7482-3544-6

INHALTSVERZEICHNIS

DIE STIMME

Die Volkskrankheit Nummer eins ist der kleine Mann in unserem Ohr. Kennt ihn nicht jeder? Es ist die Stimme, die uns tagein, tagaus einflüstert, was gut und was nicht so gut ist.

Es ist die Stimme, die alles bewertet. Es ist die Stimme, die ungeniert sagt, was sie denkt, ohne an die Konsequenz der Aussage zu denken. Es ist die Stimme, die uns alle begleitet und in unseren Köpfen herumgeistert. Eine Stimme, die kein Tabu kennt.

Sollte diese Feststellung für Sie nicht zutreffen, legen Sie das Buch bitte zur Seite. Ich gratuliere Ihnen, dann gehören Sie zu der Gruppe Erdenbürger, die den Sachverhalt bereits verstanden hat.

Sie lesen trotzdem weiter, na dann. Es ist Ihre freie Entscheidung und der kleine Mann im Ohr hat Ihnen bestimmt die richtigen Worte bereits geflüstert. Es gibt ihn also doch. Oder?

Wer tief in sich hineinhört, vernimmt tatsächlich ständig diese Stimme. Im Volksmund wird diese Stimme gerne der kleine Mann im Ohr genannt. Ich bezeichne die Stimme gerne als kleinen ungezogenen Hund, der sein triebgesteuertes drolliges Spiel so lange fortführt, bis er Befehle bekommt.

Ja, Befehle. Sie sind der Hausherr. Dieser kleine Hund hat sich in Ihrem Haus, besser gesagt in Ihrem Kopf eingenistet, ohne Sie zu fragen. Oder haben Sie ihn jemals eingeladen? Haben Sie schon einmal versucht, ihn loszuwerden?

Ja, bestimmt haben Sie es geschafft, ihn loszuwerden. Aber für wie lange? Zehn Sekunden, eine Minute oder länger?

Hören Sie in sich hinein. Er spricht bestimmt gerade wieder ungefragt mit Ihnen.

Er bewertet das Buch und die These darin und sagt Ihnen, wie es Sie finden sollen. Stimmt's?

Warum schreibe ich dieses Buch?

Weil ich bemerkt habe, dass auch in meinem Kopf dieser kleine Hund sein Spiel treibt. Ich kann Ihnen aber eine Lösung aufzeigen, wie Sie den süßen kleinen Welpen für sich gewinnen. Er ist Ihr Freund und Helfer fürs Leben. Er beschützt Sie und berät Sie gerne, er führt Sie zu dem, was Sie sich wünschen, und Sie kommen leichter durchs Leben.

Hören Sie genau hin, er spricht schon wieder ungefragt mit Ihnen:

„... er führt Sie zu dem, was Sie sich wünschen."

Er zweifelt diese Aussage an!

Was Sie tun müssen, ist relativ einfach. Befehlen Sie ihm, was er zu tun oder zu lassen hat. Lassen Sie ihm keine Wahl. Sie geben vor, wohin die Reise geht, und er darf Sie begleiten. Und wichtig, Sie dürfen ihn niemals unbeobachtet lassen, er hat Ihnen immer zu gehorchen. Das ist die einfache aber wirksame Regel, die Sie zum Ziel all Ihrer Träume führt.

Hören Sie gut hin, er spricht schon wieder mit Ihnen. Richtig?

DER ERSTE SCHRITT

Ich gratuliere Ihnen, Sie haben den ersten Schritt gemacht. Sie gehören nun zu der Gruppe Erdenbürger, die den kleinen Freund im Kopf erkannt hat. Sie haben ihn begrüßt und Sie haben ihm gesagt, dass Sie sich auf die Zusammenarbeit mit ihm freuen. Auch er freut sich auf die Zusammenarbeit mit Ihnen.

Hüten Sie sich aber, die Konzentration von dem kleinen Freund abschweifen zu lassen. Sollten Sie dies tun, wird Ihr kleiner Hund das tun, was er will. Sie sind das Herrchen und er erwartet von Ihnen Befehle.

Jetzt bettelt er um mehr Befehle als je zuvor, denn Sie schenken ihm das erste Mal ganz bewusst Ihre Aufmerksamkeit. Er ist Ihr treuester Freund für Ihr jetziges Erdendasein. Er ist treuer als alle Menschen, die Sie kennen oder auf Ihrem Weg kennenlernen werden. Er kennt Sie genauso gut, wie Sie sich selbst kennen, und er kennt alle Ihre Gedanken. Ja, ich sage alle!

Haben Sie gerade bemerkt, dass Ihr Hund schon wieder ohne Ihre Erlaubnis gesprochen hat?

Er kennt alle Ihre Träume, Befürchtungen und Ängste. Er weiß alles über Sie. Er wird Sie bis zum letzten Atemzug begleiten. Sie können ihn nicht loswerden oder weggeben. Nehmen Sie ihn liebevoll als Freund, Berater, Wächter und Spielkamerad mit all Ihrer Liebe an. Er wird es Ihnen auf unbeschreibliche Weise danken und Ihr Leben wird sich drastisch ins Positive ändern.

Verbringen Sie nun Ihren Tag wie immer. Gehen Sie Ihrer Arbeit nach oder machen Sie, was Sie üblicherweise tun, aber achten Sie ganz bewusst auf die Signale Ihres kleinen Hundes. Egal was Sie tun, hören Sie auf das, was er sagt, aber bewerten Sie es nicht. Hören Sie einfach aufmerksam zu und freuen sich auf das, was er Ihnen zuflüstert.

Was auch immer Sie tun, er spricht mit Ihnen. Haben Sie es bemerkt? Hören Sie einfach nur zu.

Es ist gut so und er soll es auch weiterhin tun. Sie sollten ihm Gehör schenken, aber ihm stets auch Befehle geben.

Wollen Sie sich während eines Mittagschlafes ausruhen, dann sagen Sie Ihrem Hund, dass Sie schlafen wollen und dass er sich jetzt zurückhalten soll. Er wird Ihnen nicht sofort gehorchen, das haben eben die kleinen süßen verspielten Hunde an sich. Jetzt wird es Zeit für Sie, den Ton zu verändern. Befehlen Sie ihm, still zu sein und innezuhalten. Er soll sich jetzt auch hinlegen, sich ausruhen und während Ihres Schlafes auf Sie aufpassen. Sollte unerwartet etwas für Sie Bedrohliches auftreten, dann darf er Sie aufwecken, aber nur dann.

Er wird mehrere Male versuchen, irgendetwas in Ihre Gedanken zu projizieren. Geben Sie nochmals denselben Befehl, freundlich, aber mit bestimmtem Ton. Legen Sie sich hin und ruhen Sie sich aus. Er wird Ihnen gehorchen.

Nach Ihrer Ausruhphase bitten Sie Ihren Hund, wieder mit Ihnen zu kommunizieren. Er soll Ihnen seinen Rat geben oder Sie warnen, wenn es nötig ist. Er ist Ihr Begleiter für alles, was Sie tun, für immer.

Jetzt ist es an der Zeit, ins Du überzugehen. Du hast bestimmt nichts dagegen. Dein Freund ist so eng mit dir verbunden, dass ich jetzt eine formelle Anrede als unnötig empfinde. Ich möchte dir freundschaftliche Ratschläge auf deinem Weg mitgeben. Ich hoffe, jeder Leser ist damit einverstanden.

DEIN KÖRPER

Der kleine Hund kennt deinen Körper seit der Geburt. Er kennt alles, jedes Detail. Er kennt alles, auch das, was dich vielleicht an deinem Körper stört. Ob es dir unangenehm ist oder nicht. Er weiß alles. Du kannst ihn auch nicht anlügen. Er liest deine Gedanken. Er sieht alles, was du siehst. Er kennt kein Tabu. Er spricht über Dinge, über die man nicht spricht. Ich sage, worüber man ungerne spricht.

Sind deine Haare nicht so, wie du sie gerne hättest? Sind deine Beine etwa krumm vom Sport? Ist deine Brust zu klein oder zu groß? Bist du zu dick? Ist deine Haut vielleicht schon vom Alter gekennzeichnet und schlaff? Kannst du deine kleinen Fältchen an den Augen nicht mehr mit Kosmetik abdecken? Ist dein Penis zu klein? Hast du abstehende Ohren? Oder, oder, oder.

Dein Hund kennt alle deine Gedanken. Er ist dein Freund und wird immer dein Freund sein. Er bewertet dich nicht nach deinem Körper, er ist einfach nur da. Er ist da für dich.

Merke dir: Dein Körper ist geliehen, er gehört dir nicht. Du hast ihn zur Geburt bekommen, du hast auch nichts dafür getan, diesen Körper zu haben. Du darfst ihn während des Erdendaseins benutzen und du gibst ihn am Ende deines Weges wieder ab. Du kamst nackt und du gehst nackt. Was du während deines Lebens mit ihm machst, bleibt dir überlassen. Alleine du entscheidest darüber. Du kannst nicht ändern, was du bekommen hast.

11

Bist du mit weißer Hautfarbe auf die Welt gekommen, dann ist es so. Bist du mit schwarzer oder gelber Hautfarbe geboren, ist es auch so. Es ist nichts schlecht, aber auch nichts gut. Es ist einfach so, wie es ist. Bist du Frau oder Mann? Bist du groß oder klein? Bist du schwarzhaarig oder blond? Es ist egal. Jetzt bist du da.

Du hast dich vor deiner Geburt dafür entschieden, genauso wie du bist, hier zu sein, und du gehst nun deinen Weg. Es ist dein Weg, nicht der Weg der anderen.

Dein Hund wird dir jetzt wieder seine Version erklären. Stimmt's?

Inkarnation oder etwas vor der eigenen Geburt Bestimmtes ist doch sehr zweifelhaft, wird er dir sagen.

Wie auch immer: Dieser Körper ist geliehen. Nimm ihn so an, wie er ist. Du kannst ihn sowieso nicht ändern. Es gibt natürlich eine riesige Branche, die plastische Chirurgie, die vielen Frauen, aber auch inzwischen vielen Männern zu ihrem Traumkörper verhilft. Am Bodensee gibt es eine Koryphäe, die jeder kennt. Und es ist weder gut noch schlecht, dass es diese gibt. Natürlich kann diese Koryphäe auch Menschen helfen, die durch ein besonderes Schicksal ihr Aussehen nicht annehmen können, weil sie von Mitmenschen „angegafft" werden. Das ist aber ein anderes Thema.

Hättest du gerne einen Traumkörper?

Einen Traumkörper?

Was ist ein Traumkörper?

Hör jetzt auf deinen Hund. Was sagt er dir?

Wird dir der Modelkatalog eines Modemagazins gezeigt? Werden dir die Astralkörper der Bademode vorgehalten? Sportlich, schlank, durchtrainiert. Ein Waschbrettbauch? Volle Brust? Jugend und Vitalität? Bikinifigur? Sind es nicht die Medien, die dieses Ideal erschaffen?

Klar, natürlich wird dir dies vorgehalten. Es ist ganz normal und menschlich.

Die Frage, die du dir jetzt stellen solltest:

Stell dir vor, es gäbe eine Möglichkeit, genau den Körper zu beziehen, den du dir ersehnst, und das völlig kostenlos. Wie würdest du dich in dem neuen Körper fühlen?

Super, du würdest dich super fühlen. Du würdest ihn lieben, du würdest mit ihm heimlich protzen und ihn im Freibad zur Schau stellen. Du wärst stolz auf ihn. Stimmt's?

Hör jetzt auf deinen Hund, höre genau hin. Was sagt er dir?

Denke mal darüber nach. Selbst mit dem Körper deines Idols, ob Frau oder Mann, ob schwarz oder weiß, wirst du genau der/die Gleiche sein, der/die du jetzt bist. Du wirst die gleichen Gedanken haben und dieselben Vorlieben. Du wärst immer noch du und hättest lediglich eine andere Hülle.

Stell dir vor, du hättest die ersehnten langen Haare. Du hättest die langen, schlanken Beine. Du hättest einen athletischen Körper. Du wärst blond oder schwarzhaarig. Deine Brust oder dein Penis wäre genauso, wie du es dir gewünscht hast. Du wärst jung oder alt, schwarz oder weiß, was du auch immer gerne wärst.

Du wärst immer noch du und derselbe kleine süße Hund würde mit dir in dem neuen Körper wohnen.

Gerade sprachen wir über das Gefühl, welches du in deiner neuen Hülle hättest. Was würde weiter geschehen? Würdest du dich in deinem neuen Körper anders als zuvor verhalten?

Du allein bist verantwortlich für deinen Körper. Pflegst du ihn, wird er dir lange dienlich sein. Vernachlässigst du ihn, wirst du sehr wahrscheinlich Krankheit und Leid erfahren.

Dein Hund spricht schon wieder ungefragt mit dir. Hast du es gemerkt? Auf Krankheit und deren Ursachen gehe ich gleich näher ein. Lies einfach weiter.

Dein Körper ist wie ein Leasingauto. Das Auto gehört dir nicht. Du bist Besitzer, aber nicht Eigentümer. Pflegst du das Auto ordentlich und gibst es am Ende deines Leasingvertrages unbeschädigt zurück, bekommst du einen neuen Wagen ohne Zuzahlung, da du ihn mängelfrei zurückgibst.

Pflegst du deinen Körper ungenügend, bekommst du die Rechnung während deines Weges durch Schmerzen, Verschleißerscheinungen und Krankheit. Höre auf deinen Freund im Kopf. Er signalisiert dir ganz genau, was deinem Körper gut tut und was nicht.

Hat dein kleiner Hund jemals gesagt, du sollst rauchen? Hat er jemals gesagt, du sollst Alkohol trinken? Hat er jemals gesagt, du sollst viel und Ungesundes essen? Hat er dir jemals gesagt, lange auszugehen und wenig zu schlafen?

Nein, hat er nicht. Im Gegenteil, er sagt dir, dass das Rauchen ungesund ist, und du tust es trotzdem. Sagt er dir nicht jedes Mal, wenn du Alkohol trinkst, „Trink nicht so viel"? Und wie ist es mit dem Essen? Wie ist es mit dem Schlafen? Wie ist es mit dem Sport?

Hör hin, dein Hund spricht gerade mit dir.

Jetzt ist er dein guter Freund und Ratgeber, er gibt dir die besten Tipps, die du aber gar nicht hören willst und einfach ignorierst. Stimmt's?

Hör wieder auf deinen kleinen Hund. Ja, er gibt dir gute Tipps, aber du ignorierst ihn. Es hilft nicht, abzustreiten. Er kennt dich ganz genau. Wenn es dir jetzt unangenehm wird, weiterzulesen, dann gehe deinen Weg, wie du ihn bisher gegangen bist. Dann soll es sein, wie es ist. Es ist weder gut noch schlecht. Es ist, wie es ist.

Solltest du aber zweifeln, ohne dass dir dein Hund etwas einflüstert, dann bilde dir deine eigene Meinung zu meinen Worten. Ich möchte dich nicht überzeugen, ich will dich nicht belehren oder ermahnen, ich will dich lediglich zum Nachdenken anregen und dir mit diesem Buch einen Ratgeber auf deinen Weg geben. Du allein entscheidest, ob du ihn nutzt.

Nun zurück zum Auto. Was passiert mit deinem Leasingfahrzeug, welches einen Service nach Instrumentenanzeige verlangt und du diese Anzeige ignorierst? Die Antwort kennst du selbst. Spätestens bei einem technischen Defekt an deinem Wagen wird es schwierig werden, den Werkstattmeister zu überzeugen, dass du den auffälligen Serviceintervallhinweis bei jedem Start des Motors nicht bemerkt hast und du völlig unschuldig am Schaden bist. Vielleicht ist unschuldig das falsche Wort. Sagen wir besser: nicht verantwortlich.

Hast du schon mal ein Warnzeichen von deinem Körper bekommen? Hat zum Beispiel beim Joggen dein Knie plötzlich geschmerzt und du bist trotzdem weitergelaufen?

Spricht dein Hund mit dir? Wenn nein, befiehl ihm nun, mit dir zu sprechen, und denke daran: Dein Hund kennt dich!

DIE GESETZTE DES LEBENS

Kennst du die Gesetze des Lebens? Gibt es Gesetze des Lebens? Wozu Gesetze des Lebens? Hast du schon mal darüber nachgedacht, ob es diese gibt? Welches sind diese Gesetze?

Ich möchte dich hierzu mit folgenden Fragen zum Nachdenken anregen:

Wer kennt nicht die Situation von Gier? Habgier nach materiellen Werten oder nach Status? Gibt es nicht auch in deinem Umfeld etwas, was du gerne hättest, aber nicht hast? Und kennst du jemanden, der davon Überschuss hat und du es ihm nicht gönnst? Denk mal an ein Haus, ein Auto, ein Boot, Geld, aber auch Familie, Kinder, Partner, Freunde, Gesundheit, Vitalität.

Was ist mit Hass? Gibt es jemanden in deinem Umfeld, den du wirklich nicht leiden kannst und sogar hasst? Vielleicht ein Nachbar oder ein Kollege oder ein Partner, der dich verletzt hat oder der dir ständig das Leben unangenehm macht?

Was ist mit Lieblosigkeit? War dein Verhalten immer liebevoll oder gibt es da Situationen, die dir sofort einfallen, wo die pure Lieblosigkeit herrschte?

Was ist mit Arroganz? Wie verhältst du dich in deinem Umfeld? Gibt es Menschen, die arrogant sind? Bist du hin und wieder arrogant? Zum wem und warum? Wozu?

Und was ist mit dem spannungsgeladenen Wort Eifersucht? Wer hat ein Anrecht auf irgendeinen anderen Menschen?

Was ist mit dem Neid auf materielle Dinge, Status in der Gesellschaft? Gibt es jemanden, auf den du neidisch bist? Jemand mit Geld? Jemand mit einem Partner, den du lieber hättest? Ein Kollege, der auf der Karriereleiter weit vor dir steht?

Liebe Leser, das sind genau die Dinge, die das Leben lebenswert machen, wenn wir sie aus einem anderen Blickwinkel betrachten. Warum? Weil es immer eine Frage des Blickwinkels ist. Immer. Es ist nichts so schlecht, dass es nicht wieder etwas Gutes hat. Versuch doch mal, deinen Blickwinkel, wenigstens vorübergehend, zu ändern. Gib deinem Hund den Befehl, das Gute aus einer Situation heraus zu suchen, die dir zunächst nicht gefällt. Wie soll man mit Situationen umgehen, die man sich anders vorgestellt hatte.

Wenn dir deine Karriere nicht so gelingt, wie du sie dir vorgestellt hast, und auch noch ein Kollege dir vorgezogen wird, der lediglich durch Beziehungen zu dem Posten kommt, welchen du gerne hättest. Bedanke dich beim Universum dafür, dass er die Position anstelle von dir bekommen hat. Bedanke dich dafür und freue dich für den Kollegen. Tu es einfach und frag nicht, warum. Bedanke dich mit weit geöffnetem Herzen. Gönne es ihm. Jetzt ist es ganz wichtig:

Suche das Gute an dieser Entscheidung! Nicht du hast dich dafür entschieden, dass der Kollege nun auf der Karriereleiter vor dir steht. Diese Entscheidung hat dein Vorgesetzter getroffen. Ob er es freiwillig aus eigenem Interesse entschieden hat oder ob er dazu gezwungen wurde, ist nicht relevant.

Suche das Gute.

Jetzt hast du mehr Zeit für deine Familie, du kannst früher nach Hause gehen, abschalten und endlich deinen Hobbys nachgehen. Dein neuer Chef wird all das nicht tun können. Von ihm wird nun überdurchschnittliche Leistung erwartet, die mit Sicherheit zeitaufwändig sein wird.

Höre nun auf deinen kleinen Hund. Hetzt er gegen den Kollegen? Ja, er hetzt dich auf.

Biete ihm Einhalt. Jetzt. Genau jetzt. Zügele ihn und befiehl ihm, still zu sein. Frage ihn, was gut ist an dieser Entscheidung, aber lass dich nicht aufhetzen oder in Resignation verfallen. Falle auch nicht in Depressionen oder Selbstmitleid. Nein, alles kommt so, wie es kommen soll. Akzeptiere es und suche deinen Weg. Bleibe dir immer treu und gehe deinen Weg. Nur du entscheidest, wo der Weg langgeht.

Jede Ursache hat eine Wirkung – jede Wirkung hat eine Ursache. Jede Aktion erzeugt eine bestimmte Energie, die mit gleicher Intensität zum Ausgangspunkt/zum Erzeuger zurückkehrt. Gleiches zieht Gleiches an und wird durch Gleiches verstärkt. Ungleiches stößt sich ab. Der Fluss allen Lebens heißt Harmonie. Alles strebt zur Harmonie, zum Ausgleich. Das Stärkere bestimmt das Schwächere und gleicht es sich an. Erkennst du nun die Gesetze des Lebens?

DER WEG

Welchen Weg willst du gehen? Du bist hier auf die Erde gekommen, was willst du hier? Was tust du hier?

Willst du auf eine Universität und dich in deinem Fachgebiet spezialisieren? Oder willst du gar nichts lernen? Willst du nur Geld und materielle Dinge? Willst du Krankheit erleben? Willst du reisen? Willst Du eine steile Karriere machen? Willst du Freunde? Willst du lediglich Genuss? Willst du wilden Sex mit wechselnden Partnern oder sogar in der Gruppe? Willst du mal homosexuell, lesbisch, bisexuell oder heterosexuell sein? Willst du dich Drogen, Alkohol und Völlerei hingeben? Willst du wilde Partys feiern? Willst du prominent sein? Was willst du hier?

Bist du dir im Klaren, was du willst? Was sagt dein Hund? Hast du eine Antwort parat?

Ich unterstelle jetzt einigen Menschen, dass sie sich noch nie mit dieser Frage konfrontiert fühlten und noch nie bewusst damit befasst haben. Was ist dein Weg? Warum bist du hier? Was machst du hier?

Wenn du nun auf deinen Hund hörst, wirst du wahrscheinlich zu Beginn die wildesten Sachen hören, aber schon nach einer kurzen Weile wird er verstummen. Er wird seltsamerweise für kurze Zeit schweigen. Was ist der Sinn des Lebens, deines Lebens?

Der Sinn des Lebens ist es, herauszufinden, welches dein Weg ist, diesen mutig abzuschreiten und die Erfahrungen zu sammeln, die du machen willst. Es ist der Weg der Wandlung. Deiner Wandlung.

Du wirst mit dieser Erfahrung dorthin zurückkehren von woher du gekommen bist.

Dein Hund beschützt dich und berät dich gerne und führt dich zu dem, was du dir wünschst. Kehre in dich und beschreibe deinen Weg. Was willst du in dem jetzigen Leben erleben und erreichen? Setze dir Ziele. Verfalle nie in den Taumel der Gefühle und lasse die Zeit vor dir verstreichen. Lässt du deinen Hund außer Kontrolle, wird er sich wild tollend vergnügen und er wird machen, was er will. Er ist einfach nur ein lieber verspielter Hund. Deine Zeit wird verstreichen und du wirst sagen, „War das alles in meinem Leben?"

Benutze deinen Hund, er wurde dir zugeteilt, dich in deinem jetzigen Leben zu beraten und zu beschützen. Er mag dich und er gehört nur dir. Niemand kann ihn dir wegnehmen. Er spricht auch nur mit dir. Mit niemandem sonst. Er wird auch mit dir diese Erde verlassen. Mit dir, nicht vor dir oder nach dir. Mit dir.

Noch einmal die Frage: Was willst du hier?

Wenn du möchtest, tue einfach nichts. Lebe spontan, lebe von einem Tag zum anderen. Sollte dies dein Weg sein, tue es. Gehe einfach deinen Weg.

Alternativ dazu kannst du dir Ziele auf deinem Weg setzen. Deine persönlichen Ziele. Mache mutig den ersten Schritt. Niemand wird dich auslachen, tue es einfach. Wenn du noch ratlos bist und noch keinen Weg gefunden hast, dann gebe ich dir einen Tipp. Setze dich hin. Nimm dir ein Blatt Papier und erstelle dir einen Wunschzettel fürs Leben. Man sagt auch Visionboard dazu. Zur Erstellung eines Visionsboards gibt es eine Vielzahl verschiedener Literatur am Markt. Folgendermaßen könntest du vorgehen:

Du kannst entweder aus beliebigen Zeitschriften oder Katalogen alles herausschneiden, was du gerne hättest oder machen würdest. Du kannst auch auf deinem Rechner eine PowerPoint-Seite öffnen und alles, was du gerne hättest oder gerne tun würdest, aus dem Internet als Bild kopieren und dort einfügen.

Ich sage dir aber: Wichtig ist, dass du es tust, egal in welcher Form. Tue es, und zwar jetzt!

Fordere deinen Hund auf, lass ihm freien Lauf. Er soll dir alles aufzeigen, was er und du toll finden. Alles ist möglich, was immer es auch ist, bringe es zu Papier in Bild und/oder Schriftform. Kreiere deinen eigenen individuellen Wunschzettel ohne Wenn und Aber. Ich sage ohne Wenn und Aber! Lass deiner Fantasie freien Lauf.

Hast du deinen Wunschzettel für deinen Weg erstellt?

Erstelle ihn zuerst, dann lese weiter.

Betrachte ihn nun mit voller Konzentration und stelle dir vor, dass jetzt, genau jetzt, alle diese Wünsche bereits erfüllt sind. Du hast alles, wirklich alles, was auf dem Wunschzettel steht. Alles gehört jetzt in diesem Moment schon dir und hat sich erfüllt. Fühle tief in diese Situation hinein.

Wie fühlt es sich an?

Was sagt dein Partner?

Was sagen deine Nachbarn?

Wie reagieren die Kollegen?

Stelle dir alles ganz genau vor und fühle in die Situation hinein. Wie ein Film läuft alles vor deinen Gedanken ab.

Was sagt dein Hund dazu?

Siehst du, wenn du dieses Gefühl aufrecht hältst, dann strahlst du genau dieses Gefühl auf dein Umfeld, auf Menschen in deiner Nähe und die Umwelt aus. Das Universum wird dir alle Wünsche erfüllen, solange du genau dieses Gefühl aufrechterhalten kannst und nicht eine Sekunde an deren Erfüllung zweifelst.

Hörst du, was dein Hund in diesem Moment sagt?

Dein Hund hat nämlich einen großen Nachteil. Er zweifelt gern. Er zweifelt oft und zweifelt übertrieben lange. Befiehl ihm, nie mehr zu zweifeln. Jeder Funke Zweifel wird deinen Wunschzettel wie ein Großfeuer komplett zerstören. Nicht nur der eine Wunsch wird zerstört. Alle gelisteten Wünsche werden gelöscht und in negative Energie übergeführt.

Dein Hund nimmt großen Einfluss auf dein Leben. Erziehe ihn freundlich, aber stets mit bestimmter Hand. Er darf nicht zweifeln. Das ist das große Geheimnis allen Gelingens des Lebens und deines Lebens.

Zweifel an Geld wird dir Schulden bescheren, Zweifel an Arbeit wird dir Arbeitslosigkeit bescheren, Zweifel an Gesundheit wird dir Krankheit bescheren, Zweifel an Partnerschaft wird dir nie den Partner deines Lebens bringen. Was auch immer du anzweifelst. Es wird sofort das Gegenteil entstehen. Das ist das Gesetz des Lebens. Auch du wirst es nicht ändern, aber du sollst es kennen und richtig damit umgehen.

Sei gewarnt: Dieses Gesetz versteht keinen Spaß. Es wirkt immer, was du auch tust und sagst!

Vielleicht empfindest du diese Aussage als hart oder zu extrem? Dann suche bitte Situationen aus deinen bisherigen Lebenserfahrungen heraus, die du angezweifelt hast. Ist dir alles gelungen?

DIE ENTSCHEIDUNG

Du hast dir deinen Weg vorbereitet und gehst frischen Mutes voran. Sehr schön. Schon bald wirst du aber auf Stolpersteine und Gefahren stoßen. Der Weg deines Lebens weicht von deinem Plan aus dem Visionboard ab. Es gibt nämlich eine Vielzahl von Neidern, die dir diesen Weg nicht gönnen.

Achtung, was immer auch passiert auf deinem Weg. Alles hat seinen Grund. Suche den Grund. Sind die Wünsche auf deinem Wunschzettel wirklich die Wünsche, die du in deinem Leben erzielen willst? Hat dir jemand diese Wünsche eingeflüstert? Vielleicht deine Eltern, du wirst Arzt wie Papa? Vielleicht dein Partner, du hast Karriere zu machen?

Sind es deine eigenen Wünsche, zweifle sie nicht an. Prüfe sie nochmals. Ist das genau das, was du willst?

Wir müssen nun eine kleine, aber mächtige Änderung vornehmen, damit deine Wünsche nicht nur Wünsche bleiben. Wünsche, die du hast, aber die sich leider nicht erfüllen. Bestelle deine Wünsche!

Dein Wunschzettel ist kein Wunschzettel, sondern eine Bestellung ans Universum. Bestelle sie und fordere sie mit dem größten Recht ein. Das ist der korrekte Weg für das Wahrwerden.

Wunschzettel werden ewig unerfüllt bleiben. Ab sofort gibt es nur Bestellungen, vergiss die Wünsche. Bestelle alles, was du willst, es sind Bestellungen, keine Wünsche!

Du fragst dich, warum das so ist? Hierzu gibt es in jeder Bücherei unzählige Werke, die genau diese Thematik im Detail beschreiben.

Deshalb werde ich in meinem Buch nicht weiter darauf eingehen. Ich kann dir nur eines auf deinem Weg mitgeben.

Es ist alles im Überfluss vorhanden. Alles. Es ist genug für jeden einzelnen. Du musst es dir lediglich im Universum bestellen.

DIE ANNAHME

Nimm deinen Hund, deine gelieferten Bestellungen vom Universum und dein Lebensumfeld dankbar an. Sage so oft wie möglich danke.

Danke für dein Haus, danke für deine Familie, danke für dein tägliches Essen, danke für alles, was dir tagtäglich begegnet.

Dank ist die Schwester der Liebe. Ohne Dank und Dankbarkeit wird dir das Tor des Lebens und die Liebe verschlossen bleiben. Wird die erste Bestellung deiner Bestellliste geliefert, wirst du dich darüber wundern, wie einfach es doch war, das zu bekommen, was du möchtest. Du wirst feststellen, dass du dich plötzlich mit deiner neuen Erkenntnis änderst. Du hast dieselbe Hülle, du bist derselbe Mensch, den die Mitmenschen kennen, aber deine Gedanken und Gefühle haben sich geändert.

Sagen wir mal, du wirst 80 Jahre alt. Dann hast du ungefähr siebenhunderttausend Stunden Zeit in deinem jetzigen Erdendasein. Jede Stunde, die du mit irgendetwas verbringst, zieht sich von deinem Zeitkonto automatisch ab. Jetzt kannst du aufgrund dieser Kenntnis in Panik verfallen, aber es wird sich nichts an diesem Sachverhalt ändern. Nur dein Gefühl und dein Verhalten werden sich ändern. Die Zeit ist konstant und läuft immer gleich schnell hier auf Erden. Es gibt nur eine Möglichkeit: Freunde dich mit der Zeit an. Zeit ist immer da. Zeit wird auch da sein, wenn du nicht mehr auf Erden bist. Zeit auf Erden kann man nicht verlängern oder verkürzen. Danke der Zeit. Nimm die Zeit als Freund an. Zeit ist etwas Wunderbares. Zeit ist nicht Alter, sondern Zeit beschreibt die Abfolge von Ereignissen. Nach gewisser Zeit sieht dein Körper vielleicht nicht mehr so aus wie zuvor. Alter spielt sich nur im Kopf ab. Danke der Zeit, dass es sie gibt.

Sollten deine Mitmenschen bemerken, dass du dich geändert hast, dann teile deine Kenntnis mit ihnen. Erzähle ihnen von deinen Erlebnissen und von deinen Wundermitteln für deine neuen Gefühle und Gedanken. Erzähle ihnen von dem, was du erkannt hast. Das Einzige, was du dafür bezahlst, ist Zeit zum Erzählen.

Sind deine Mitmenschen weiterhin interessiert, hilf ihnen, ihre eigenen Erfahrungen mit ihrem kleinen Hund zu machen. Berichte über deinen Hund. Sind deine Mitmenschen kritisch über dein Verhalten, dann versuche sie nicht zu überzeugen. Gehe deinen Weg und genieße ihn im vollen Umfang. Denke daran, solltest du heute 40 Jahre alt sein, hast du bereits dreihundertfünfzigtausend Stunden Erfahrung hinter dir. Nimm so viel Erfahrung auf deinem Weg mit, wie du nur kannst. Bestelle dir beim Universum alles, was du willst, und nimm die Lieferung dankbar an. Es gibt keinen Nachteil, es gibt genug für alle. Du nimmst niemandem etwas weg. Wenn du dir Geld bestellst, wenn du dir einen oder sogar mehrere Partner bestellst, wenn du dir materiellen Wohlstand bestellst, tue es einfach. Genieße die Bestellung und nimm sie mit offenem Herzen an. Niemandem wird etwas genommen, es ist genügend von allem vorhanden. Sag einfach nur danke.

DIE KRANKHEIT

Was passiert mit dir, wenn du krank bist?

Dich hat es erwischt und du bist krank. Du liegst völlig ermattet und schlaff im Bett oder bist durch eine Krankheit in deinem Leben eingeschränkt.

Wenn du eine Erkältung oder einen grippalen Infekt hast, geht dieser meist von selbst nach einer Weile des Leidens vorüber. Wenn du einen Grippevirus eingefangen hast, wird dieser wahrscheinlich sich eine Weile in deinem Körper austoben und irgendwann wird dein Körper wieder im Normalzustand sein. Was aber, wenn du eine andere schwere Erkrankung hast? Was passiert in diesem Moment in deinem Kopf? Was sagt dein Hund?

Bei Krankheit beklagt sich die Mehrzahl der Menschen zuerst und sieht sich ihrem Schicksal ausgesetzt und meist sogar darin verloren. Sie akzeptieren die Krankheit. Sie akzeptieren ihre Krankheit. Sie nehmen die Krankheit ohne Widerspruch an und identifizieren sich mit ihr. Ich bin krank!

Hierin liegt der größte Fehler, den du machen kannst, wenn du wieder gesund werden willst.

Okay, vielleicht diagnostiziert dir ein Mediziner, dass du zum Beispiel Gürtelrose hast. Und nun?

Als Erstes verbringst du Zeit damit, dich über die Krankheit zu informieren, da du diese noch nicht kennst. Du recherchierst im Internet, du liest Facharztberichte und du suchst vielleicht Kontakt im Bekanntenkreis oder in Internetforen zu Personen, die das gleiche schlimme, ungerechte Leid erleben. Jeder der Betroffenen hat die besten Mittelchen und kennt die besten Behandlungsmethoden und natürlich die besten Ärzte und Krankenhäuser. Dieser Austausch tut zu Beginn vielleicht gut, aber sollte nicht die einzige Lösung darstellen. Die meisten Kranken beschäftigen sich tagtäglich intensiv mit ihrer Krankheit. Du leidest gemeinsam. Und du redest ständig darüber. Die Krankheit steht in deren Lebensmittelpunkt. Du spendest ihr damit unbewusst all deine wertvolle Energie. Hier muss deinem Hund sofortiger Einhalt geboten werden. Sag ihm, er soll die Krankheit nicht annehmen. Sie ist vielleicht da, aber heiße die Krankheit auf keinen Fall willkommen!

Dein Hund spricht wieder ungefragt mit dir! Höre hin. Er zweifelt meine Aussage an.

Hast du jemals deine Krankheit angezweifelt oder hast du sie einfach angenommen? Wahrscheinlich warst du sehr überrascht oder sogar geschockt, dass es dich mit der Krankheit getroffen hat.

Hast du die Krankheit jemals angezweifelt?

Ich unterstelle dir, du hast sie angenommen. Jetzt ist es deine Krankheit. Was sagt jetzt dein Hund?

Die Krankheit ist da, weil du gegen ein Gebot des Lebens verstoßen hast: Gier, Hass, Lieblosigkeit, Arroganz, Neid und Eifersucht sind die Vorreiter von Krankheit. Du kennst diese Themen aus dem Kapitel Gesetze des Lebens.

Ich spreche hier von Krankheit aller Art, schließe aber virusbedingte Krankheiten, die sich als Epidemien ausbreiten, aus. Natürlich gibt es Menschen, die bereits mit Krankheiten auf unsere Welt kommen, aber dies hat einen anderen Grund, auf den ich in diesem Buch nicht näher eingehen werde.

Der größte Fehler, den du machen kannst, ist die Identifikation mit der Krankheit. Tue das niemals! Frag deinen Hund, warum du jetzt krank bist. Ich bin mir sicher, dass dein Hund dir unzählige Ideen präsentiert: Der Vater hatte schon Gürtelrose, die Zusatzstoffe in der Ernährung sind schuld, die Umweltverschmutzung ist schuld, das Waschmittel könnte die Ursache sein und, und, und.

Frag deinen Hund nochmals und befiehl ihm, nur einen Grund deiner Erkrankung zu nennen. Den einen Grund. Den Hauptgrund!

Er wird dir sagen, dass du vielleicht zu neidisch und gierig warst oder schon längere Zeit eifersüchtig auf irgendetwas warst und das über einen längeren Zeitraum. Frage deinen Hund. Er weiß es. Du musst ihm befehlen, dir den Grund der Erkrankung zu nennen. Er wird dir ohne Tabu antworten. Höre aufmerksam zu.

Wahrscheinlich wirst du die eine oder andere Antwort deines Hundes schon vermuten können, aber du willst es nicht wahrhaben.

War es der Stress der letzten Wochen oder Monate? Hat dich jemand über längeren Zeitraum geärgert? Hast Du dich über jemanden geärgert? Hast du Geldschwierigkeiten? Oder was auch immer.

Merkst du, worauf ich hinaus will? Frage deinen treuen Partner im Kopf. Er will dir nichts Böses. Befiehl ihm, dir zur Antwort zu stehen. Ich bin mir sicher, dass du eine mögliche Ursache ohne medizinische Hilfe für deine Erkrankung selbst diagnostizieren wirst.

Die mögliche Ursache könnte folgendermaßen lauten:

Okay, ich hatte schon viel Stress, wenig Schlaf und vielleicht auch ungesunde Nahrung aber …

Okay, ich habe hin und wieder zu viel getrunken und geraucht aber …

Okay, ich habe dies und das zu viel oder zu wenig getan oder auch nicht getan, aber …

Genau dieses „aber" sollte dir zeigen, dass du die Ursache deiner Erkrankung eigentlich kennst und damit fahrlässig gelebt hast. Denke an das Leasingauto mit der Serviceanzeige in der Instrumentenanzeige.

Verfalle jetzt nicht in Mitleid! Es wird dir nicht helfen. Finde Menschen, die mit dir fühlen. Mitgefühl führt dich zur Heilung.

Mit dieser Kenntnis solltest du dich dann unbedingt in medizinische Betreuung begeben. Schlucke nicht sofort bedingungslos Medikamente gegen die Symptome. Frage dich, warum du krank bist, suche die

Ursache und erkenne sie! Bedanke dich für diese Erkenntnis bei deinem Hund, bei dir selbst und beim Universum. Danke für diesen Wink vom Licht des Lebens und werde mithilfe der Medikation der Ärzte und deiner eigenen Heilkräfte wieder gesund. Vergiss aber nie die Ursache der Erkrankung. Sie kommt ansonsten wieder. Eine Heilung wird nur eintreten, wenn du diesen Sachverhalt verstehst und annimmst.

Dein Hund spricht gerade ungefragt mit dir. Hast du es bemerkt?

Du hast eine Krankheit und behauptest, diese These stimme nicht?

Okay, wenn du an einer Krankheit erkrankt bist und darunter leidest, wirst du nun Tausende Argumente gegen diese Argumentation hervorbringen. Angenommen, du hast Krebs. Egal welchen Krebs. Dann hast du Krebs, weil du gegen ein Gesetz des Lebens verstoßen hast: Gier, Hass, Lieblosigkeit, Arroganz, Neid und Eifersucht sind die Vorreiter von Krankheit.

Blättere ein Paar Seiten zurück, da steht es geschrieben.

Hast du deinem Hund den Befehl gegeben, dir zu sagen, was der Hauptgrund deiner Krebserkrankung ist?

Wahrscheinlich wirst du die eine oder andere Antwort deines Hundes schon vermuten können, aber du willst es nicht wahrhaben. Jetzt passiert Folgendes:

Dein Hund weiß die Antwort für deine Erkrankung, aber du hörst ihm nicht zu! Du willst es nicht wahrhaben. Weil du gesund sein willst. Ich habe am Anfang des Buches geschrieben: Dein Hund kennt alle deine Träume, Befürchtungen und Ängste. Er weiß alles. Du kannst ihn nicht loswerden oder weggeben. Er wird dich auch in Krankheit bis zum letzten Atemzug begleiten und mit dir nach Hause gehen!

Frage ihn, befiehl ihm, zu antworten. Sag ihm, du willst die wahre Ursache der Krebserkrankung wissen.

Sollte er nicht antworten, weißt du bereits die Antwort, aber willst sie nicht wahrhaben und vorerst nicht aussprechen.

War es vielleicht doch der Stress der letzten Wochen oder Monate? Waren es vielleicht die Kinder, der Chef, der Partner, die Nachbarn, die dich gestresst haben? Hat dich jemand über längeren Zeitraum geärgert? Hast du dich über jemanden geärgert? Hast du Geldschwierigkeiten? Oder was auch immer.

Suche mit weit geöffnetem Herzen den Grund deiner Erkrankung.

Die mögliche Antwort könnte wieder lauten:

Okay, ich hatte schon viel Stress, wenig Schlaf und vielleicht auch ungesunde Nahrung, aber …

Okay, ich habe hin und wieder zu viel getrunken und geraucht, aber …

Okay, ich habe dies und das zu viel oder zu wenig getan oder auch nicht getan, aber …

Sei fester Überzeugung, deine Heilung wird eintreten, wenn du dich besserst. Gibt deinem Hund den Befehl dazu, die Krankheit nicht anzunehmen. Dein Körper heilt sich selbst, wenn du ihm dabei hilfst. Eine Heilung wird nur eintreten, wenn du diesen Sachverhalt verstehst! Die passende medizinische Behandlung wird deine Genesung unterstützen.

Sei gewarnt: Zweifelst du nur eine Sekunde an diesem Sachverhalt, wird dich die Krankheit in Besitz nehmen und sich gnadenlos in deinem Körper austoben! Zum Thema Selbstheilung ist der Markt von literarischen Werken ausgefüllt. Such dir ein für dich passendes Werk aus und praktiziere die Selbstheilung. Alternativ dazu kannst du auch einen Heiler aufsuchen, der dir mit Reiki oder Ähnlichem helfen wird. Es liegt an dir, ob du lediglich der medizinischen Behandlung deines Onkologen vertraust oder selbst aktiv wirst. Es ist dein Leben, dein Körper und deine Erfahrung, die du sammelst.

Leidest du unter Verschleißerscheinungen, z. B. Arthrose, dann ist es nicht so einfach, diesen Verschleiß einfach wiedergutzumachen. Es ist ein mechanischer Verschleiß, der dir Schmerzen verursacht. Weißt du, woher der Verschleiß kommt?

Ich denke ja, du weißt es. Dein Hund weiß es auch.

Hast du deinem Körper irgendwann zu viel zugemutet? War es der Jugendleistungssport, der Halbmarathon oder der Hausbau? Hast du zu viel von deinem Körper verlangt? Was macht der Motor deines Autos, wenn du ihn ständig überdrehst? Du kennst doch die Antwort.

Tja, den Verschleiß bekommst du, indem du deinem Körper einen unpassenden Bewegungs- und Belastungsrhythmus gibst. Suche die Ursache des Verschleißes, z. B. das Tennisspiel, und trainiere nur ab und zu und nicht täglich. Höre auf deinen Körper. Dein Hund sagt dir, was für ihn gut ist und was für ihn nicht so gut ist.

Sei gewarnt: Nimm niemals Schmerztabletten, um deinen geliebten Bewegungsdrang (Tennis, Joggen oder was auch immer) auszuüben. Dein Körper gibt dir ein Zeichen, Stopp, nicht weiter! Mit Medikation fährst du übers Stoppschild mit allen Konsequenzen. Aktiviere deine Selbstheilungskräfte und nimm die Hilfe deiner Freunde an. Jeder hat ein gutes Mittelchen, das gegen Arthrose hilft. Ich bin mir sicher, auch du wirst ein passendes Mittel finden und deine Verschleißerkrankung wird gelindert.

Zum Thema Schlaganfall. Ein Schlaganfall trifft den Patienten meist völlig unerwartet. Die betroffene Person ist natürlich zutiefst erschüttert, dass es gerade ihn getroffen hat. Meist sind Lähmungen und Sprachverlust die unschöne Folge. Der Mensch identifiziert sich sofort mit der Krankheit, da die plötzliche Erkrankung massive Auswirkung am Körper zeigt. Ich bin gelähmt! Ich kann nicht mehr sprechen! Ich bin krank!

Was ist passiert? Ein Blutgefäß im Kopf hat einen Bereich des Gehirns überschwemmt. Die Gehirnfunktion innerhalb dieses Bereiches ist gestört. Und was passiert bei einer Störung? Sie stört einen normalen Ablauf. Dein Bein lässt sich nicht mehr bewegen oder du kannst nicht mehr sprechen. Achtung, auch hier gilt: Nimm die Krankheit nicht an! Gib ihr keine Energie. Lehne die Störung ab. Jede Störung kann aufgehoben werden.

Hattest du einen sehr schweren Schlaganfall und liegst bereits im Koma, benötigst du selbstverständlich dringend medizinische Hilfe. In diesem Fall werden dir deine Selbstheilungskräfte nicht schnell genug helfen können. Sei dir aber trotzdem bewusst, dass du diese hast und diese auch sinnvoll einsetzt.

Eine Frage solltest du dir aber irgendwann stellen: Warum hattest du einen Schlaganfall? War dein Blutdruck schon längere Zeit zu hoch? Wusstest du von Ablagerungen an deinen Blutgefäßen oder hattest du schon dergleichen im Verdacht? Hast du beim Sport übertrieben? Hast du dich vielleicht übernommen?

Dein gelähmter Arm ist derselbe Arm, der er vor dem Schlaganfall war. Die Funktion ist völlig gegeben. Es wurde nichts abgetrennt. Lediglich die Verbindung zwischen Gehirn und der betreffenden Körperpartie ist gestört. Gestört in Sinne von kurzfristig außer Betrieb!

Aktiviere deine Selbstheilungskräfte, indem du deinem Hund den Befehl gibst, er solle dem Körper ausrichten, die Funktion schnellstmöglich wiederherzustellen. Jetzt ist dein Hund eine Art Hausmeister. Er kümmert sich um alles. Er ist dein Helfer und Freund.

Und wie soll dein Körper die Funktion wiederherstellen?

Indem er die Überschwemmung mit den eigenen Kräften auflöst und Normalfunktion herstellt.

Stelle dir vor, du fährst Fahrrad und stürzt zu Boden. Dein Knie ist heftig aufgeschürft und es blutet. Nach einer gewissen Zeit stoppt die Blutung und es bildet sich eine Kruste über der Wunde. Und warum? Dein Körper aktiviert ohne deine Aufforderung sofort seine Heilkräfte und schickt die weißen Blutkörperchen an die offene Stelle, die diese verschließen. Genau das ist nun auch bei dir der Fall. In deinem Gehirn wurde ein kleiner Teil mit Blut überschwemmt. Dein Körper transportiert bereits die störenden Teilchen ab. Es dauert aber seine Zeit. Gib niemals den Glauben an die Heilkräfte deines Körpers auf oder zweifle daran.

Hast du denn jemals gezweifelt, dass dein Knie wieder verheilt! Folge mit frohen Gedanken an deine Heilung den Anweisungen der geschulten Reha-Mitarbeiter und die Heilung wird eintreten. Zweifle nie daran. Und freue dich auf deine Genesung.

Höre auf deinen Hund. Gehe den Weg der Eigenheilung und freue dich auf den wiederhergestellten Zustand. Es soll so sein, wie es vor dem Schlaganfall war, aber frage deinen Hund um Rat, damit diese Erkrankung Vergangenheit bleibt.

Wenn man diese Sachverhalte mal wissenschaftlich betrachtet, stößt man in der Literatur auf die Psychosomatik.

„Die Psychosomatik beschäftigt sich mit den Wechselwirkungen seelischer (psycho-) Befindlichkeiten auf körperliche (soma-) Zustände. Seele und Körper sind wie zwei miteinander verbundene Gefäße."

(Quelle: www.wikipedia.org)

Dein Hund spricht die Sprache der Seele.

*„Jeder Mensch ist in der Lage, mit seinem Geist auf seinen Körper einzuwirken und umgekehrt mit körperlichen Maßnahmen auf die Seele. Dieser Prozess kann bewusst oder unbewusst ablaufen. In der medizinischen und psychotherapeutischen Praxis bezeichnet das „psychosomatische Leiden" die Vermutung, dass eine Krankheit eine starke seelische Komponente hat. Für einen solchen Fall eröffnet sich als Behandlungsstrategie ein doppelter Ansatz: Zum einen eine Behandlung/Heilung der körperlichen Symptome (mit regulären Mitteln der Schulmedizin) und zum anderen eine psychotherapeutische Behandlung, d. h. Ausräumen bzw. Entschärfen jener seelischen/psychischen Komponenten, die wahrscheinlich den körperlichen Krankheitsprozess ursprünglich in Gang gesetzt haben.
Der Anteil jener Menschen, die unter vorwiegend psychosomatischen Beschwerden leiden, wird in der Literatur auf rund 40 Prozent geschätzt. Typische Auslöser von psychosomatischen Zuständen sind Unstimmigkeiten mit der eigenen Sexualität,*

Partnerschaftskonflikte, beruflich bedingte Probleme, Familien-
konflikte, Gewissensbisse und finanzielle Angelegenheiten."

(Quelle: www.wikipedia.org)

Höre auf deinen Hund. Was sagt er dir nun? Fühlst du dich angesprochen?

DIE AUFRICHTIGKEIT

Zu diesem Thema möchte ich nochmals die Eifersucht ansprechen. Wer in seinem Umfeld einmal aufmerksam herumschaut, nimmt oft Eifersucht wahr. Man erkennt, dass Menschen damit ein Anrecht auf einen anderen Menschen aussprechen.

Die Literatur beschreibt die Eifersucht als

> *„eine schmerzhafte Emotion, die man bei einer nicht oder nur wenig erhaltenen Anerkennung (Aufmerksamkeit, Liebe, Respekt oder Zuneigung) seitens einer Bezugsperson bekommt. Man fühlt sich ausgestochen.*
> *Eifersucht entsteht, wenn der geforderte Anspruch auf Zuneigung oder Liebe durch den Partner infrage gestellt wird, dass er eben diese Zuneigung oder Liebe jemand/etwas anderem als einem selbst entgegenbringt. Dadurch wird eine starke Verlustangst ausgelöst."*

(Quelle: www.wikipedia.org)

Weiterhin schreibt die Literatur, dass

> *„Eifersucht nicht nur ihren Ursprung bezüglich eines Verdachts der sexuellen Untreue hat. Sie entsteht auch durch das Empfinden einer Vertrautheit zwischen dem Partner und einer dritten*

Person, die die eifersüchtige Person ausschließt. Dies kann sehr
drastische, auch gewalttätige Handlungen bewirken."

(Quelle: www.wikipedia.org)

Was sagt dein Hund zu diesem Thema? Warst du schon mal eifersüchtig? Bist du vielleicht momentan eifersüchtig? Kennst du jemanden, der eifersüchtig ist? Warum bist du überhaupt eifersüchtig? Wozu ist man eifersüchtig?

Ist es nicht so, dass die meisten Menschen den Anspruch, das Anrecht oder das Besitzrecht auf ihren Partner als normal ansehen?

Hier sei mal gesagt: Jeder von uns ist für sich selbst verantwortlich. Es gibt niemanden hier auf Erden, der irgendeinen Anspruch auf einen anderen Menschen hat, niemanden. Rebelliert dein Hund, dann fühlst du dich getroffen oder angesprochen? Lies einfach mal weiter.

Man stellt fest, dass im Volksmund die Eifersucht mit Treue verbunden wird. Treue wird aber dann nicht richtig verstanden. Unter Treue versteht man das Begleiten des Partners in allen Lebenssituationen, wenn man ihn benötigt.

Schwört man sich die Treue?

Oder schwört man sich, nie eifersüchtig zu sein?

Was schwört man sich denn?

Hier spreche ich mal die Menschen an, die ihrem Partner die ewige Treue versprechen und damit einen Besitzanspruch an diese Person verbinden. Hier werden Treue und Eifersucht wieder verwechselt. Schau dich mal um, kennst du Paare, die hin und wieder ohne ihren Partner ausgehen und sich auf Festen ausgelassen mit anderen Menschen vergnügen und vielleicht Zärtlichkeit austauschen?

Hier sei mal gesagt, dieses Verhalten sollte man nicht werten. Niemand sollte das Verhalten der anderen werten. Es ist so, wie es ist. Es ist nicht schlecht, aber es ist auch nicht gut. Sprechen sich Paare aus und sind sie sich einig, mit anderen Partnern keine Zärtlichkeit auszutauschen?

Dann ist es so, wie es ist. Es ist weder gut noch schlecht. Hier findet man aber häufig Unstimmigkeiten.

Die Absprachen werden oft nicht gemacht, aber auch nicht eingehalten. Ein Partner nimmt sich das Recht heraus, auch mit anderen Partnern zum Beispiel auf ausgelassenen Partys herumzuknutschen, dann ist dies weder gut noch schlecht. Dennoch, liebe Leserinnen und liebe Leser, möchte ich hiermit auf eure Absprache hinweisen, wenn es eine gibt. Wenn du dir das Vergnügen gönnst, dann gönne es deinem Partner doch auch. Hier findet sich ein Tabuthema, über das man nicht spricht.

Was sagt dein Hund dazu?

Natürlich findest du es geil, mit anderen herumzumachen, aber dann gönne es doch deinem Partner auch und erzähl nicht Unwahrheiten. Eine Lüge, selbst eine Notlüge, wie sie im Umgangssprachlichen bezeichnet wird, wird eines Tages die Wahrheit mit sich bringen.

Spielen wir die Situation weiter. Auf einer ausgelassenen Party findest du die Frau/den Mann deines Lebens.

Was nun? Ist sie/er wirklich der Traumpartner? Oder ist die Vision des Traumpartners hormonell gesteuert?

Ist es nur der Reiz des Verbotenen? Der Reiz des Verbotenen im Sinne „mein Partner darf davon nichts erfahren"?

Ich stelle immer wieder die gleiche Frage. Warum gönnst du nur dir diese Freiheit, einen anderen Partner auszuprobieren? Ich kann nur jedem empfehlen, sprecht das Tabuthema mit eurem Partner an. Öffne dich deinem Partner. Was denkt dein Partner über die Idee? Hat er vielleicht auch schon darüber nachgedacht? Will er das oder lehnt er das ab? Oder du sagst, „Ich will das nicht und es wäre schön, wenn du das auch nicht tust."

Und jetzt kommt der Klassiker: Was denken die anderen über mich, wenn ich mich mit einem anderen Partner abgebe?

Also hier sei nochmals dringend hingewiesen: Niemand, wirklich niemand auf dieser Erde hat Anspruch auf irgendeinen anderen Menschen. Diese Fiktion findet nur in deinem Kopf statt. Löse dich von dieser Vorstellung. Spiele kein Spiel, sei, wie du bist, und sprich über alles mit deinem Partner. Es darf kein Tabu zwischen dir und deinem Partner geben, nur so kannst du das Leben in vollen Zügen auskosten und deine Erfahrungen machen. Lasse diese Sorte von Mensch, die über dich tratscht und dich aufgrund deines Handelns verurteilt, unbemerkt an der Seite liegen. Kümmere dich nicht um diese Lästermäuler. Meist sind es genau die Menschen, die selbst Dinge tun, über die man am besten nicht redet. Ich bin mir sicher, jeder kennt diese Spezies von Mensch. Es ist nicht gut, aber auch nicht schlecht, dass es sie gibt. Gehe deinen Weg und kümmere dich nicht um sie. Lass dich mit diesen Menschen niemals auf Rechtfertigungen ein. Jedes Wort wäre vergebens. Du musst dich nicht rechtfertigen, es ist dein Leben und dein Weg. Du bist du!

Jetzt höre auf den Hund. Rebelliert er?

Er sagt dir, du kannst doch mit deinem Partner nicht über solche Dinge reden. Was denkt er sonst von dir?

Ich will nicht, dass sich mein Partner mit anderen Partnern vergnügt?

Also, sollten diese Aussagen auf dich zutreffen, rate ich dir, dir dringend Gedanken über deinen Weg zu machen. Schlage das Kapitel „Der Weg" auf und orientiere dich neu. Mach dir nichts vor, bleib dir treu und gehe mutig deinen Weg. Es ist dein Weg, den du gehst, und nicht der Weg der anderen! Sollte dein Partner diesen Weg nicht mitgehen, wäre es angebracht, jetzt zu handeln.

Denk daran, deine Zeit auf Erden ist begrenzt. Du bist hier, um Erfahrungen zu sammeln. Vielleicht ist dein Weg, dich mit deinem Partner herumzuärgern und über Eifersucht zu diskutieren und eventuell darüber zu streiten. Bitteschön, viel Spaß dabei. Ich kann dir versichern, es gibt andere Erfahrungen, die man auf dieser Erde sammeln kann, die weitaus schöner sind und dich auf deinem Weg weiterbringen. Denk daran: Es ist nichts gut, aber auch nichts schlecht. Du bestimmst deinen Weg.

DIE SEXUALITÄT

Oft wird dieses Thema mit einem Tabu verbunden. Man spricht nicht gerne darüber. Man macht zwar hin und wieder darüber zweideutige Anspielungen und vielleicht mal einen Witz. Der Sexualität hängt aber ein Schleier des Schweigens über. Sexualität ist immer noch ein Tabu in unserer Zeit.

Sexuelle Vorlieben und Neigungen werden meist totgeschwiegen. In der heutigen Zeit liest man immer öfter über „Coming Out". Ob es Personen sind, die in der Öffentlichkeit stehen oder auch im privaten Umfeld, es sind Menschen wie du und ich. Jeder von uns hat seine Vorlieben und Neigungen. Wenn mit dem Partner dieses Thema offen angesprochen wird, sollte es kein Tabu geben. Alles ist erlaubt, was gefällt. Wichtig ist hierbei natürlich das gegenseitige Gefallen an Praktiken oder Stellungen. Jeder sollte doch das ausleben, wonach es ihn gelüstet.

Jetzt kommt wieder das Thema des Buchtitels: Tabu, worüber man nicht spricht.

Über was spricht man wohl nicht?

Was sagt dein Hund?

Genau, du weißt es schon. Es gibt leider Menschen auf diesem Planeten, die mit ihrem ausgewählten Lebenspartner nicht über alles reden können. Es werden Themen der sexuellen Vorliebe und Neigung totgeschwiegen. Ich behaupte, dass mindestens die Hälfte der heutigen Scheidungen genau auf diesen Punkt zurückzuführen ist. Die Partner

40

verstehen sich auf sexueller Ebene nicht mehr. Es ist nichts mehr los im eigenen Bett.

Die Industrie bietet genügend Möglichkeiten, seine Vorlieben und Neigungen auszuleben. Sehen wir uns das Rotlichtmilieu an. Wie viele der Besucher sind verheiratet? Wie viele der Besucher gehen regelmäßig in diese Etablissements, um ihre Träume zu erfüllen? Wie viele der Besucher gehen heimlich dorthin?

Ich spreche hier nicht nur Männer an. Es gibt genügend Frauen, die sich auf irgendeine Art und Weise über diese Branche ihre hormonelle Erleichterung besorgen. Es ist, wie es ist. Es ist weder gut noch schlecht. Hast du bereits eine Scheidung hinter dir? Stehst du kurz vor deiner Scheidung? Wenn der Grund zur Scheidung nicht gerade Geld war/ ist, liegt es an der fehlenden ausgelassenen Sexualität der Partner. Es kann sein, dass dein Partner glücklich ist mit dem, was er hat. Du aber hingegen fühlst dich sexuell unterfordert und willst mehr Abwechslung. Hierfür gibt es die einschlägigen Versandhäuser, die Artikel der Sex-Toy-Industrie anbieten. Sollte dein Partner dies abstoßend finden, wäre euch dringend geraten, einen Kick für eure Partnerschaft zu finden. Was es auch immer für Vorlieben und Neigungen sind. Sprecht darüber und lebt es aus. Es gibt genügend Partnerschaften, die genau an diesem Thema scheitern. Findet man hier keine gemeinsame Lösung, ist ein Scheitern der Partnerschaft vorprogrammiert. Das sind dann die Konsumenten, die sich bei anderen Partnern das abholen, was sie zu Hause nicht bekommen, und darüber schweigen.

Was sagt dein Hund zu diesem Thema?

Ich stelle eine These auf: Ist dein Partner sexuell völlig zufrieden und ausgeglichen und sind seine sexuellen Wünsche erfüllt, wird er sehr wahrscheinlich keine Anstrengungen machen, sich anderweitig Befriedigung zu holen. Wozu auch?

Dass Partner ihre Marktchancen bei anderen Partnern ausprobieren, sei hiermit nicht gemeint. Im Süddeutschen gibt es einen Spruch dazu: Man kann sich überall Appetit holen, aber gegessen wird zu Hause!

Solltet ihr meine These anzweifeln, gebt dieses Buch eurem Partner und fragt ihn nach seiner Meinung.

Was ihr dann tut: Ihr sprecht das Tabuthema an. Sagt eurem Partner, was ihr euch in geheimsten Gedanken wünscht. Verurteilt den Partner nicht dafür. Sucht nach einer Möglichkeit, diese Wünsche für beide Seiten zufriedenstellend zu erfüllen. Spielt aber nicht das Unschuldslamm, indem ihr eurem Partner versprecht, dass ihr nie mit einem anderen Partner etwas anfangen werdet und das auch gar nicht wollt. Bei der nächsten Gelegenheit macht ihr euch an den nächsten Partner ran. Das gilt nicht. Das sind nicht die Spielregeln. Seid ehrlich und aufrichtig zueinander und geht euren Weg, eventuell gemeinsam.

DIE KARRIERE

Ja, auch dieses Thema beinhaltet Sprengstoff.

Karriere. Warum Karriere? Für wen machst du Karriere?

Wozu machst du Karriere? Brauchst du Karriere?

Was heißt Karriere?

In der Literatur findet man folgende Erklärung für Karriere:

> *„Karriere ist die persönliche Laufbahn eines Menschen in seinem Berufsleben. Sie geht einher mit der Veränderung der Qualität und Dienstleistung sowie sozialem Aufstieg. Durch diese kann sich auch die Zugehörigkeit zu einer sozialen Schicht ändern. Das Wort Karriere bedeutet dem Wortsinn nach schlicht Fahrstraße (lateinisch carrus, ‚Wagen‘), wird im Volksmund aber eher als bestimmte Richtung ‚nach oben‘ verstanden.“*

(Quelle: www.wikipedia.org)

Richtung nach oben? Wer ist denn da oben? Wen trifft man dort an? Ist oben der Platz, den ich mir schon immer gewünscht habe? Bin ich hier am richtigen Platz? Warum will ich dort sein? Wozu will ich dort sein? Was sagt dein Hund?

Mit Karriere wird, meiner Erfahrung zufolge, auch eine Besserstellung gegenüber anderen verbunden. Man vergleicht sich mit anderen. Man bewertet andere und man trennt sich von den anderen ab. Man befindet sich auf einer höheren Ebene. Auf dieser Ebene ist man der darunterliegenden Ebene weisungsbefugt. Man ist der Chef.

An dieser Stelle würde ich jedem Leser empfehlen, nochmals das Kapitel „Der Körper" zu lesen.

Du bist vor der Karriere derselbe Mensch, der du nach dem ersten Karriereschritt bist. Es wird sich physisch nichts an deinem Körper ändern. Dein kleiner Hund im Kopf wird dir dies gerne bestätigen. Dein kleiner Hund spielt aber gerne Spielchen und wird dir einflüstern, dass du jetzt etwas Besseres bist und dich von den anderen abhebst. Wenn man genau beobachtet, verhalten sich viele Menschen während der Karriere genau gleich. Die Körperhaltung, der Kleidungsstil, die Sprache und das Verhalten ändern sich. Man sucht den Kontakt zu Gleichgesinnten. Achtung, bewertet diese Menschen nicht. Sie haben sich für diesen Weg entschieden. Es ist nicht gut, aber es ist auch nicht schlecht. Lasst diese Menschen ihren Weg gehen. Jeder sucht seine Erfahrungen und will diese erleben. Sagt danke und freut euch für diese Menschen. Warum soll ich ihnen danken, wirst du dich fragen. Danke für das, dass diese Menschen ihren Weg gefunden haben. Ob dieser Weg gut oder schlecht ist, steht hier außer Frage.

Jetzt werden dem einen oder anderen Leser Tausende Argumente einfallen, die diese Aussage zunichtemachen sollen. Diesen Lesern stelle ich eine Frage:

Bist du nach dem ersten Karriereschritt wirklich ein anderer besserer Mensch?

Nein ist die alleinige Wahrheit. Wie sollst du auch ein besserer Mensch dadurch sein oder werden. Was soll auch „besser" bedeuten? Du wirst lediglich anders.

Du bist derselbe Mensch, lediglich flüstert dir dein kleiner Hund wilde Sachen ins Ohr wie Überlegenheit.

Beobachte deine Mitmenschen. Wenn in deinem Umfeld jemand sehr schnell Karriere macht, ob im Verein oder Beruf: Er wird sein Verhalten ändern! Er wird ganz sicher sein Verhalten, seine Körperhaltung und seine Sprache ändern, aber er ändert damit seinen Körper nicht. Vielleicht ist er irgendwann Herrscher über 10.000 Menschen und ist verantwortlich für Millionenumsätze und riesige Gewinne.

Aber er ist derselbe Körper, der er vorher war.

Im Kapitel „Der Weg" frage ich dich:

Welchen Weg willst du gehen? Du bist hier auf die Erde gekommen, was willst du hier? Was tust du hier?

Wenn du dich für die Karriere als deinen Weg hier auf Erden entschieden hast, dann ist es so. Es ist weder gut noch schlecht. Du hast dich für deinen Weg entschieden und du gehst ihn voller Zuversicht. Auf deinem Weg wirst du mit den Gesetzen des Lebens konfrontiert. Schlage einige Seiten zurück und erinnere dich an den Absatz „Gesetze des Lebens".

Auf dem Weg deiner Karriere wirst du von den süßen Früchten der Gier gelockt: Materielle Dinge, Status werden dir angepriesen. Du wirst aber auch den Neid anderer zu spüren bekommen, wenn du dich schneller als andere auf der Karriereleiter entwickelst. Oder sind alle deine Weggefährten liebevoll im Umgang miteinander. Findest du hier und da Arroganz? Wirst du eventuell aufgrund deiner Stellung arrogant? Was ist mit Neid. Gibt es plötzlich jemanden in deinem Umfeld, auf den du neidisch bist?

Was könnte die Folge dieser geänderten Verhaltensweise sein?

Wenn du keine Antwort parat hast, frage deinen Hund, er weiß es!

Hast du vielleicht zu viel Zeit für etwas geopfert, was dir am Ende deiner beruflichen Laufbahn gar nichts bringt? Was tust du, wenn du im Ruhestand bist?

Hast du im Ruhestand dieselben Menschen um dich herum wie im Berufsalltag?

Nein, du wirst den sozialen Umkreis um dich haben, welchen du bis heute gepflegt hast. Du wirst aber keine Freunde zusätzlich haben. Freunde, für die du während deiner Karriere selten Zeit hattest, werden wahrscheinlich einen anderen Freundeskreis aufgebaut haben.

Kennst du jemanden in deinem näheren Umfeld, der eine steile Karriere hingelegt hat? Ist dieser Mensch zufrieden und glücklich? Hat dieser Mensch Freunde und eine Familie? Wie oft wird er in seiner Freizeit beruflich angerufen oder muss kurzfristig irgendeine Ausarbeitung machen? Hat dieser Mensch Zeit für sich, seine Familie und seine Hobbys? Diese Menschen opfern ihre Zeit für die Karriere, für ihre Karriere und genießen die Früchte, die sie ihnen anbietet.

Mehr finanzielle Mittel und damit mehr materiellen Wohlstand, Ansehen und sozialen Status. Man fühlt sich zugehörig in seinem oberen Kreis. Es ist weder gut noch schlecht. Es ist so.

Solltest du dich damit zufriedengeben und dich glücklich fühlen, dann ist es dein Weg. Urteile und verurteile aber nicht die Menschen, die einen anderen Weg einschlagen und sich mehr um andere Dinge kümmern wollen. Leider verhalten sich Menschen auf der Karriereleiter sehr oft arrogant und eingebildet, eingebildet auf ihrem Weg, den sie gehen. Ich habe Menschen kennengelernt, die in die Falle des Stolzes getappt sind. Sie verhielten sich arrogant und bewerteten andere abfällig. In meinem bisherigen Lebensweg hat sich eine Regel bewahrheitet: „Jeder bekommt das, was er verursacht!"

Ich kenne einige Personen in meinem Umfeld, die diese Regel schlimm getroffen hat. Diese Personen haben sich ihren Weg damit selbst bestellt. Sie haben mein Mitgefühl.

Verurteilt diese Menschen nicht, es ist ihr Weg. Es ist weder gut noch schlecht.

Bedenkt, wir kamen nackt auf diese Erde und wir werden nackt von dieser Erde gehen. Was jeder mitnimmt, sind seine Erfahrungen, aber keine materiellen Dinge. Um diese streiten sich vielleicht die Nachkommen. Es gibt aber keinen Sarg mit Anhängerkupplung.

Frag dich nochmals. Was ist dein Weg? Ist dein Weg, Karriere zu machen?

Willst du Geld und Macht haben? Oder willst du Geld, Freizeit und viele Freunde haben? Oder willst du beides? Was willst du hier? Ist deine

Karriere genauso, wie du sie dir vorgestellt hast?

Kannst du gut schlafen? Hast du vielleicht einen nervösen Magen und Migräne? Hast du ständig Wochenenden, an denen du arbeiten musst und deine Familie und Freunde vernachlässigst? Bist du vielleicht schon krank von der Arbeit? Bist du etwa ein Workaholic? Nimmst du regelmäßig Medikamente ein? Trinkst du?

Wenn dein Weg die Karriere ist, gehe diesen Weg und gehe ihn mit allen Konsequenzen. Mache deine Erfahrungen und genieße alles, was dir begegnet. Sollte dein Körper der Herausforderung nicht gewachsen sein und auf dem Weg schlappmachen, lies einfach nochmals die Kapitel „Die Krankheit" und „Der Weg", vielleicht planst du dir einen neuen Weg in der verbleibenden Zeit hier auf Erden. Jeder ist für sich verantwortlich und macht seine eigenen Erfahrungen für sich, nur für sich und nicht für andere!

DAS GLÜCK

Was ist Glück? Hast du Glück? Bist du glücklich?

Glück wird in den meisten Nachschlagewerken folgendermaßen beschrieben:

„Das Wort ‚Glück' kommt von mittelniederdeutsch gelucke (ab 12. Jahrhundert) bzw. mittelhochdeutsch gelücke. Es bedeutete die ‚Art, wie etwas endet oder gut ausgeht'. Glück war demnach der günstige Ausgang eines Ereignisses. Voraussetzung für den ‚Beglückten' war weder ein bestimmtes Talent noch eigenes Zutun. Dagegen behauptet der Volksmund eine mindestens anteilige Verantwortung des Einzelnen für die Erlangung von Lebensglück in dem Ausspruch: ‚Jeder ist seines Glückes Schmied.' Die Fähigkeit zum Glücklichsein hängt in diesem Sinne außer von äußeren Umständen auch von individuellen Einstellungen und von der Selbstbejahung in einer gegebenen Situation ab."

(Quelle: www.wikipedia.org)

Hast du verstanden? Glück hängt von der individuellen Einstellung ab. Also hängt das Glück von dir selbst ab.

Willst du glücklich oder unglücklich sein? Entscheide dich und ändere deine Einstellung. Der beste Zeitpunkt ist genau jetzt. Sei glücklich oder sei unglücklich.

Was fühlt sich besser an? Vor Freude zu jauchzen oder vor Unglück heulend in der Ecke sitzen. Wenn du möchtest, dann entscheide dich zum Glücklichsein. Nimm dir das Recht heraus, glücklich zu sein. Du willst glücklich sein? Dann tue es, jetzt, sei doch einfach glücklich! Tue etwas, damit du glücklich bist. Höre Musik, fahre Fahrrad oder singe lauthals dein Lieblingslied. Aber tue es jetzt. Jetzt ist der beste Zeitpunkt, um glücklich zu sein.

Ich verstehe Glück als die Fähigkeit, glücklich zu sein, um auch die kleinen Dinge des Lebens zu erkennen. Was auch immer es ist. Freue dich über alles, was dir begegnet. Die Blume am Wegesrand, der Vogel am Himmel, der Bus, der dich zur Arbeit fährt. Alles, alles soll dich freuen, und ärgere dich nicht. Freude und Glück sollen deinen Weg begleiten.

Wenn man bedenkt, dass chemische Substanzen auch glücklich machen können, sollte man dem natürlichen Glück mehr Aufmerksamkeit schenken. Chemische Substanzen können große Wirkung auf unser Gefühlsleben ausüben und die Gemütslage kurzfristig verändern und damit das Verhalten mitbestimmen. Nach der Einnahme fühlt der Mensch sich glücklich.

Ist das wirklich Glück? Ist das genau das Glück, welches du haben möchtest?

Glück durch Alkohol? Glück durch Endorphine und Medikation? Glück durch irgendwelche Drogen?

Wenn man bedenkt, dass

"Forschungsergebnisse der Neurowissenschaften bedeutenden Einfluss auf Glücksempfindungen haben durch nachweislich Endorphine, Oxytocin sowie die Neurotransmitter Dopamin und Serotonin. Das Gehirn setzt diese Botenstoffe bei unterschiedlichen Aktivitäten frei, zum Beispiel bei der Nahrungsaufnahme, beim Geschlechtsverkehr oder beim Sport.

Dass chemische Substanzen große Wirkung auf unser Gefühlsleben ausüben, dass sie unsere Gemütslage kurzfristig verändern

können und unser Verhalten mitbestimmen, stellt das herkömm-
liche Menschenbild zum Teil infrage.“

(Quelle: www.wikipedia.org)

Bist du glücklich? Was sagt dein Hund?

DAS RAUCHEN

Wie bereits mehrfach erwähnt, kennt der kleine Hund deinen Körper seit der Geburt. Er kennt alles, jedes Detail. Er kennt alles, auch das, was dich vielleicht an deinem Körper stört. Ob es dir unangenehm ist oder nicht. Er weiß alles. Du kannst ihn auch nicht anlügen. Er liest deine Gedanken mit. Er sieht alles, was du siehst. Was sagte dein Hund, als du deine erste Zigarette geraucht hast?

Hat er sich gefreut und dich animiert, einen weiteren Lungenzug zu nehmen?

Frag ihn und hör mal genau hin!

Er antwortet dir nicht? Tja, mein lieber Leser: Du kennst die Antwort bereits.

Das Rauchen tut dir nicht gut! Beim ersten Lungenzug hat dein Körper mit Husten, etwas Schwindel und mit einem leichten Brennen in Rachenraum, Luftröhre und Lunge dir bereits signalisiert: Stopp, das ist nicht gut.

Und was hast du getan?

Du hast die Zigarette weitergeraucht oder vorzeitig ausgedrückt.

Warum rauchst du?

Dein Hund will es nun wissen. Er fragt dich: Warum rauchst du?

Die Standardantworten:

   ... weil es gesellig ist.
   ... weil es Spaß macht.

... weil es gut schmeckt.

... weil ich dann besser entspannen kann.

... weil ich dann Zeit für mich habe.

... weil ich es einfach will.

Usw.

Lieber rauchender Leser, bitte gib mir und deinem Hund ein stichhaltig gutes Argument, warum du rauchst?

Du brauchst dich gar nicht anzustrengen und weiter danach zu suchen. Es gibt kein Argument für das Rauchen, außer „weil du es willst".

Okay, wenn du es willst, weil es eine Erfahrung ist, die du hier auf Erden machen möchtest. Bitteschön, dann rauche und genieße das Rauchen. In diesem Fall ist das Rauchen weder schlecht noch gut. Es ist deine Entscheidung, du willst rauchen. Solange du deine Mitmenschen dadurch nicht belästigst und nicht einnebelst, ist es dein Weg und deine Erfahrung, die du sammeln willst.

Über die eventuellen Folgen des Rauchens will ich gar nicht reden, denn du kennst sie sehr gut. In jeder Bücherei oder im Internet erhältst du genügend Informationen darüber.

Willst du aber aufhören und schaffst es nicht alleine?

Falsch, du schaffst es allein. Ganz allein. Du hast auch alleine damit angefangen, oder hat dich jemand gezwungen und dir eine brennende Zigarette in den Mund gesteckt?

Egal aus welchem Grund du angefangen hast, es ist unwichtig. Das Erste, was du tun musst, ist, bereit zu sein, aufzuhören.

Willst du wirklich mit dem Rauchen aufhören?

Warum willst du aufhören?

Frage deinen Hund. Er hat tausend Argumente für dich.

Dein Hund ist dein Freund. Er will dir nichts Böses. Wenn du dich fürs Nichtrauchen entscheidest, dann hilft er dir. Entscheidest du dich fürs Rauchen, dann akzeptiert er auch dies. Es ist deine Entscheidung.

Du willst also wirklich aufhören?

Dann mach es doch einfach.

Du nimmst jetzt eine Zigarette, setzt dich an deinen Lieblingsplatz und rauchst diese Zigarette.

Wie schmeckt die Zigarette? Fühlst du dich gut? Spür den Rauch tief in deiner Lunge. Nimm einen wirklich tiefen Lungenzug. Den größten Lungenzug, den du jemals genommen hast. Inhaliere den Rauch und genieße die Wirkung des Nikotins beim Ein- und Ausatmen.

Willst du wirklich mit dem Rauchen aufhören?

Dann nimm jetzt den letzten Zug deiner Zigarette, drücke sie aus und verabschiede dich vom Raucherleben. Ich sage jetzt, es gibt keinen besseren Augenblick als jetzt. Bedanke dich bei der Zigarette und der damit gewonnenen Erfahrung. Bedanke dich bei deinem Hund, bei deinem Körper und bei deinem Feuerzeug. Sag danke für alles, was dich bei dieser Erfahrung unterstützt hat. Entscheide dich jetzt, nicht mehr zu rauchen, und freue dich auf die Erfahrung, die du jetzt erleben wirst, indem du nicht mehr rauchst.

Was sagt dein Hund zu diesem Entschluss? Frag ihn!

Sorge dich nicht, dass du jetzt nicht mehr rauchst. Du hast dich freiwillig dazu entschieden, nicht mehr zu rauchen. Du kannst zu jeder Zeit wieder rauchen. Ja, niemand zwingt dich, mit dem Rauchen aufzuhören, niemand. Nur du entscheidest. Freu dich, du bist ab sofort Nichtraucher.

Warum bist du Nichtraucher? Willst du wirklich Nichtraucher sein?

Wenn deine Entscheidung feststeht, dann gratuliere dir. Gratuliere dir selbst und freue dich auf alles, was jetzt kommt. Du wirst kein Geld mehr dafür ausgeben und du wirst nicht mehr Plätze suchen müssen, wo das Rauchen erlaubt ist. Achte bewusst auf Mitmenschen, die rauchen. Freue dich für sie, dass sie die Erfahrung machen dürfen, zu rauchen. Beobachte diese Raucher heimlich. Jeder einzelne Zug soll ihnen guttun. Rieche den Rauch, den sie hinausblasen und freue dich, dass du diese Erfahrung bereits gesammelt hast und dich nun anderen Erfahrungen widmen willst.

Gehe gewohnt deinen Hobbys nach und treffe dich aber auch mit deinen rauchenden Freunden und Bekannten.

Bleib deiner Entscheidung treu. Du willst nicht mehr rauchen, dann tu es einfach nicht. Lehne die angebotene Zigarette ab und genieße den Anblick der Raucher. Sie sollen rauchen. Du hast dich fürs Nichtrauchen entschlossen. Du hast dich dafür entschieden und niemand anders.

Es werden Momente kommen, die dich vielleicht wieder zum Rauchen führen wollen, aber nimm diese Momente gar nicht an. Erinnere dich einfach an deine eigene Entscheidung. Ich will nicht mehr rauchen. Ich bin Nichtraucher. Nichts auf dieser Welt wird dich dazu zwingen, zu rauchen. Niemand wird dich zwingen, niemand kann dich zwingen.

Sei dir bewusst, du bist der Herr. Du bist der Herr deines Körpers. Alles, was tu tust, entscheidest du. Werde dir bewusst, Rauchen braucht man nicht zum Leben. Du benötigst Nahrung, Sauerstoff und die Sonne. Du benötigst kein Nikotin. Bleib dir treu und steh zu deiner Entscheidung.

Sei dir bewusst, zu jeder Zeit kannst du, aber nur wenn du willst, wieder mit dem Rauchen anfangen.

Ich war selbst mehrere Jahre Raucher. Ein kleiner Rat für die ersten Tage, den ich dir geben kann:

Entsorge alle Zigaretten aus deinem Umfeld. Es gibt nichts mehr zu rauchen. Verschenke die Zigaretten oder wirf sie in den Müll. Du hast dich entschieden, Nichtraucher zu sein. Genieße jede Minute, Stunde des Nichtrauchens. Zähle die Tage des Nichtrauchens und danke dafür. Fehlt dir jetzt etwas?

Frag deinen Hund, was dir jetzt fehlt.

Vielleicht hattest du Gewohnheiten oder Rituale, als du noch geraucht hast. Nutze die freie Zeit für irgendetwas anderes, was du gerne machen möchtest. Trink einen Kaffee oder Tee. Stelle dich auf deine Terrasse und genieße die Aussicht oder mach zehn Liegestütze. Entscheide dich für irgendetwas, was für dich schön ist, und sage danke, dass du nicht mehr rauchen musst.

Wenn jetzt der eine oder andere Zweifel in dir aufsteigt, dann frage dich: Willst du rauchen oder willst du nicht rauchen?

Sei dir bewusst, du hast dich damals fürs Rauchen entschieden und du hast dich jetzt entschieden, nicht mehr zu rauchen.

Rauchfrei-Seminare oder Medikation gegen Rauchen sind ein Weg, vom Rauchen loszukommen. Ich sag dir aber: Höre einfach mit dem Rauchen auf. Das ist die kostengünstigste Variante.

Du alleine entscheidest: Rauchen oder Nichtrauchen. Niemand zwingt dich dazu. Bitte deinen Hund um Hilfe.

DER SUIZID

Wie bereits erwähnt, ist dein Körper geliehen, er gehört dir nicht. Du hast ihn zur Geburt bekommen, du hast auch nichts dafür getan, genau diesen Körper zu haben. Du darfst ihn während des Erdendaseins benutzen und du gibst ihn am Ende deines Weges wieder ab. Du kamst nackt und du gehst nackt. Was du während deines Lebens mit ihm machst, bleibt dir überlassen. Alleine du entscheidest darüber.

Du willst also nicht mehr hier auf Erden sein.

Warum?

Gefällt es dir hier nicht?

Hast du alle deine Erfahrungen schon gesammelt?

Wer ist für die Situation, in der du heute bist, verantwortlich?

Ich sage es dir: Du alleine bist dafür verantwortlich.

Geht es dir besser, wenn du dir das Leben nimmst? Woher weißt du das?

Wenn du dir das Leben nimmst, geht dein Hund mit dir mit. Was sagt dein Hund zu deinem Entschluss?

Sind deine Gründe unlösbar auf Erden?

Wer sagt, dass deine Gründe unlösbar sein sollen?

Ich sage dir, es gibt nur lösbare Probleme. Für alles, was es auch immer ist, gibt es eine oder mehrere Lösungen. Sich das Leben zu nehmen und davon auszugehen, dass danach alles besser ist, zweifle ich an. Dein Leben ist definitiv zu Ende. Das stimmt. Ist danach wirklich alles besser?

Warum bist du hier auf Erden? Bist du hier, um dich umzubringen? Bist du davon überzeugt?

Warum bist du hier? Frage deinen Hund, warum bist du hier? Willst du irgendeine Erfahrung machen?

Jeder, der hier auf Erden ist, hat einen Auftrag. Einen Auftrag, seine eigenen Erfahrungen zu sammeln, um sich zu wandeln und weiterzubilden. Schlage einige Kapitel zurück. Die ersten Kapitel sollten dir eine Hilfestellung geben, um deinen Weg zu finden.

> *„Alles, was wir sind, ist ein Resultat dessen, was wir gedacht haben."* (Buddha)

Der Literatur zufolge sind

> *„90 % der Suizide auf psychische Erkrankungen zurückzuführen. Depressionen, Sucht, Persönlichkeitsstörungen, Gesichtsverlust, Ruin, Lebenskrisen und Versagensängste."*

> (Quelle: www.wikipedia.org)

Jetzt mal eine Frage. Gibt es nicht für jeden dieser Gründe eine Lösung?

Depression. Warum Depression?

> *„Die Depression ist charakterisiert durch Stimmungseinengung. In den gängigen Nachschlagewerken spricht man vom Verlust der Fähigkeit zu Freude oder Trauer. Diese Stimmung dieser Menschen ist durch Zuspruch nicht aufzuhellen. Bei einer schweren Depression spricht man von dem Gefühl der Gefühllosigkeit bzw. dem Gefühl anhaltender innerer Leere.*
> *Im alltäglichen Sprachgebrauch wird der Begriff depressiv häufig für eine Verstimmung verwendet.*

Es handelt sich bei der Depression im psychiatrischen Sinne um eine ernste behandlungsbedürftige Erkrankung, deren Symptome sich der Beeinflussung durch reine Willenskraft angeblich entziehen."

(Quelle: www.wikipedia.org)

Was sagt dein Hund dazu?

Bist du auf diese Erde gekommen und warst sofort depressiv?

Was ist der Grund für die Depression? Frag deinen Hund!

Schlage die ersten Kapitel des Buches auf. „Die Stimme", „Der erste Schritt", „Dein Körper", „Das Gesetz des Lebens", „Der Weg" und „Die Entscheidung" sollten dein Ratgeber sein. Such dir das heraus, was für dich bestimmt ist. Nur du und dein Hund, ihr wisst, was für euch gut ist. Frage dich dann nach dem Grund deiner Depression.

Dann entscheide dich, und zwar jetzt, damit aufzuhören. Akzeptiere die Depression nicht. Gib deinem Hund einen klaren Befehl, die Depression nicht zuzulassen. Du willst glücklich sein, du willst fröhlich sein und du willst Spaß am Leben haben. Depressionen willst du nicht. Lass niemals die Depression zu und akzeptiere sie nicht.

Das Kapitel „Die Krankheit" kann dir auf deinem Weg gute Hilfestellungen bieten. Schlage zurück und lies es nochmals.

Die Hauptgründe für Selbstmord sind Depressionen, Sucht, Persönlichkeitsstörungen, Gesichtsverlust, Ruin, Lebenskrisen und Versagensängste.

Du bestimmst, wer du bist. Als du hier auf diese schöne Welt kamst, hattest du keine Persönlichkeitsstörung. Woher kommt diese Persönlichkeitsstörung? Kennst du die Ursache? Wenn nein, dann frage deinen Hund. Er kann sie dir nennen. Wenn ja, warum ist dies eine Störung. Willst du eine Störung haben? Nein, willst du nicht.

Dann nimm diese Störung nicht an. Vielleicht wirkt sie gerade auf dein Gemüt oder deinen Körper. Nimm sie nicht an.

Gesichtsverluste vor wem? Du alleine bist verantwortlich für dich. Was die anderen über dich sagen oder denken, sollte dir gleichgültig sein. Gehe deinen Weg, verstoße nicht gegen das Gesetz, aber gehe deinen Weg und sammle deine Erfahrungen. Einen Gesichtsverlust hast du dann, wenn du ihn annimmst. Vielleicht ist etwas passiert, was auf deine Person zurückzuführen ist. Na und? Dann suche eine Lösung, diese Situation wieder zurechtzurücken.

Hauptgründe für Suizid sind auch Ruin, Lebenskrisen und Versagensängste.

Warum bist du ruiniert?

Frag mal deinen Hund. Er wird dir den wirklichen Grund nennen. Hast du dich vielleicht übernommen oder verspekuliert? Dann sei es so. Und wie sieht Plan B aus? Wie sieht die Lösung aus? Suche die Lösung und gib nicht auf. Du hast keine Krise, du hast nicht versagt, du hast eine Erfahrung gemacht. Eine Lebenserfahrung, die du machen wolltest. Jetzt bist du mitten in der für dich aussichtslosen Welt. Dann sei es so.

War diese Welt aussichtsreich, bevor dir deine Arbeit, dein Umfeld oder was auch immer aus der Hand geglitten ist?

Du bist enttäuscht, dass es nicht so lief, wie du dir in deinen geheimen Träumen ausgedacht hast? Deshalb fällst du jetzt in Depression oder Krisen?

Mal eine Frage. Ist das fair? Ist das fair dir gegenüber?

Ist das fair den anderen gegenüber?

Ist das fair gegenüber der Welt?

Wer warst du vor der Depression?

Wer bist du mit der Depression?

Frag deinen Hund, er weiß es!

Du warst derselbe und bist immer noch derselbe. Suizid, das ist nicht die Lösung. Vielleicht erscheint es dir als einzige Lösung. Denk mal an deinen Hund. Er will noch nicht von hier gehen. Er hat noch viel mit dir vor!

Was auch immer passiert oder passieren wird auf deinem Weg, es ist immer etwas Gutes daran. Suche das Gute. Suche das Gute mit offenem Herzen und ohne Hintergedanken.

Du wurdest von deinem Partner verlassen? Er hat sich einen/eine Jüngere/n genommen? Wenn dein Partner sich dafür entschlossen hat und er seinen Weg gehen will, wünsche ihm Glück dazu. Wünsche ihm alles Gute und bedanke dich für die Zeit, die er/sie mit dir verbracht hat. Hat dein Partner sich entschieden, wird er sich sicher nicht umstimmen lassen. Suche jetzt das Gute. Ihr hattet tolle Jahre miteinander, aber weißt du, was in Zukunft auf dich noch zukommt? Lass dich vom Leben überraschen. Das Leben meint es gut mit dir. Dein Hund weiß es und du weißt es. Vertraue darauf.

Nimm dein Leben in die Hand. Es ist dein Leben und nicht das Leben eines anderen Menschen. Suche das Gute und lass es dir gut gehen. Mach das, was du schon immer machen wolltest. Vertraue darauf, dass alles so kommt, wie es kommen soll. Schlage zurück und lese das Kapitel „Der Weg". Entscheide dich für deinen Weg und gehe ihn mit offenem Herzen und bleibe dir und deinem Hund treu. Das Leben ist zu schön, um es vorzeitig abzuschließen.

DIE ZEIT

Jeder von uns hat schon öfters folgende Aussagen von Mitmenschen in seinem Leben gehört:

Wenn ich in Rente komme, dann …

Noch x Jahre, dann habe ich es geschafft …

Bin ich froh, dass ich dann nicht mehr dahin muss …

Frage: Wann ist die beste Zeit?

Jetzt! Jetzt ist die richtige Zeit oder der richtige Zeitpunkt. Jetzt und nur jetzt. Du lebst nicht im Morgen oder Gestern. Du kannst nicht morgen leben. Du kannst nicht gestern leben. Du lebst jetzt, genau in dieser Sekunde. Jetzt ist der beste Zeitpunkt, das zu tun, was du tun willst.

> *„Die Nachschlagewerke beschreiben die Zeit als die Abfolge von Ereignissen. Man spricht von Gegenwart, die sich unaufhaltsam von der Vergangenheit in Richtung Zukunft zu bewegen scheint. Im Vergleich zu anderen physikalischen Größen ist die Zeit unumkehrbar."*

(Quelle: www.wikipedia.org)

Wenn ich in Rente komme, dann … Ja, was ist dann?

Wenn dieser Ausspruch von dir kommt, dann hast du wertvolle Zeit verschwendet. Ich kenne Menschen aus meinem Umfeld, die alles, was sie tun und tun wollen, in die Zukunft schieben. Sie planen, bereiten

61

vor, recherchieren im Internet und sind bestens vorbereitet für ihren Zukunftsplan. Wenn ihr gewählter Zeitpunkt dann endlich gekommen ist, werden sie oft krank, haben familiäre Probleme oder irgendetwas in ihrem Umfeld hält sie ab, ihre Planung durchzuführen.

Auf der anderen Seite gibt es Menschen, die in der Vergangenheit leben. Früher war alles besser. Die Geschichte ist das wahre Leben. Die Helden aus der Geschichte muss man kennen. Wer diese Helden nicht kennt, hat nicht gelebt. Nur sie waren die richtigen Helden. Das war eine gute Zeit.

Ja, liebe Leser, das waren vielleicht gute Zeiten. Richtig. Aber diese Zeiten sind um. Die Zeit lässt sich hier auf Erden nicht rückwärts drehen. Geschehen ist geschehen. Man soll/kann aus der Geschichte lernen, aber das Leben findet heute statt, nämlich genau jetzt.

Noch x Jahre, dann habe ich es geschafft …

Diesen Ausspruch höre ich oft in meinem Umfeld. Die erste Frage, die sich mir dabei stellt: Was hast du dann geschafft?

Es kommen verschiedene Antworten:

- … dann muss ich mich nicht mehr jeden Tag mit den Kollegen, Chef, Kindern herumärgern.
- … dann kann ich endlich mal das tun, was mir richtig Spaß macht.
- … dann muss ich da nicht mehr hin.

Ich kann abermals appellieren. Das Leben findet heute statt! Wenn du das Gefühl hast, dass irgendetwas in deinem Leben nicht nach deinem Wunsch verläuft, hinterfrage dich doch selbst. Frage deinen Hund. Dein Hund liest deine Gedanken mit. Er wird dir deutlich sagen, was dir nicht passt. Dann ändere es doch.

Was es auch immer ist. Ändere es oder akzeptiere es. Es gibt keinen Mittelweg.

Wenn dir deine Arbeit, dein Partner oder dein Leben nicht gefällt, dann frage dich selbst, was dich daran stört. Erstelle eine Liste mit zwei Spalten und füge alles Negative, aber auch alles Positive auf. Nimm dir Zeit und bitte deinen Hund um Hilfe. Was stört dich an deiner Arbeit, Partner, Leben und was gefällt dir wirklich gut daran.

Sehr wahrscheinlich ist deine Liste sehr schnell ausgefüllt und deine negativen Punkte überwiegen die positiven. Jetzt überlege bitte nochmals. Welches sind die Punkte, die eigentlich super sind? Es gibt ganz sicher positive Punkte, sonst hättest du diese Arbeit niemals freiwillig ausgeübt, dich für den Partner niemals entschieden. Suche danach und lass die guten Punkte zu.

Jetzt eröffnest du eine dritte Spalte auf deinem Blatt. Das ist die Bestellspalte. Schreibe alles auf, was du gerne hättest.

Spätestens jetzt solltest dir bewusst werden, was du hast. Du hast Arbeit. Du hast einen Partner. Du hast dein Leben.

Du bist nicht arbeitslos. Du bist nicht auf Partnersuche und du lebst.

Das ist doch gar nicht so schlecht für den Anfang.

Was sagt dein Hund jetzt dazu?

Vielleicht ist es nicht deine Traumarbeit, dein Traumpartner oder das Leben, das du dir erträumst. Aber du hast es. Genau jetzt hast du es.

Mit diesem Bewusstsein solltest du starten. Suche nun Möglichkeiten, dir deine Arbeit angenehmer zu gestalten. Muss es wirklich ein anderer Arbeitsplatz oder Arbeitgeber sein? Wird es bei der neuen Arbeit besser sein als jetzt? Wer garantiert dir das? Wenn du einen neuen Beruf ausüben willst, dann erlerne ihn und zwar jetzt! Schau im Internet nach oder frage Freunde, welche Möglichkeiten es für dich gibt. Tue es aber jetzt und warte nicht. Warum warten? Auf wen oder was warten? Tue es jetzt!

Muss es wirklich ein anderer, neuer Partner sein? Wird der neue Partner genauso sein, wie du dir ihn bestellt hast, oder bringt er vielleicht neue, dir vielleicht noch unbekannte Probleme mit?

Muss es unbedingt ein neues Leben sein? Hast du die Möglichkeit für ein neues Leben? Nein, hast du nicht. Niemand hat zwei Leben hier auf Erden. Was du eventuell damit meintest, ist dein jetziges Leben in neuem Umfeld zu genießen. In einer anderen Stadt oder einem anderen Land, mit anderen Mitmenschen, Freunden, Kollegen oder vielleicht mit einem neuen Haarschnitt, einem neuen Outfit oder was auch immer. Wird alles in deinem neuen Umfeld besser? Wer garantiert dir das?

Ich möchte euch auf den heutigen Istzustand aufmerksam machen. Nehmt ihn mal bewusst wahr. Ich denke, jeder von uns ist auf seinem Weg in gewisser Weise zufrieden. Vielleicht gibt es irgendetwas, was euch an dem heutigen Jetzt-Zustand stört. Es gibt hier zwei Möglichkeiten: Akzeptiert es oder ändert es. Es gibt keinen Mittelweg.

Diejenigen von euch, die herumnörgeln und unzufrieden sind, sollten das Kapitel „Gesetze des Lebens" und „Der Weg" nochmals lesen.

DIE TABUS

Hast du schon mal in deinem Bekanntenkreis nach Tabus gefragt? Das solltest du mal tun.

Hier eine kleine Sammlung meiner Befragung:

Körper-Tabus

Anus, Behinderung, Blähung, Blasenbeschwerden, Erektionsprobleme/Impotenz, Glatze, Hämorrhoiden.

Verhaltens-Tabus

Aggression, Depression, Einsamkeit, Paranoia/Verfolgungswahn, psychische Probleme, Armut, Tod, Sexualität und alles, was damit in Verbindung gebracht werden kann, wie Gleitmittel, Kondome, Orgasmus, Sexshops, Toys, Selbstbefriedigung, Pornos, Intimrasur, Ehebruch, Lifting/Botox, Okkultismus, Sterbehilfe, Suizid.

Krankheits-Tabus

AIDS, Geschlechtskrankheiten, Erbkrankheiten, Alkoholprobleme, Inkontinenz, Burn-out.

„Nach den Nachschlagewerken beruht ein Tabu auf einem still-
schweigend praktizierten gesellschaftlichen Regelwerk, welches
das Verhalten auf elementare Weise gebietet oder verbietet.
Dabei bleiben Tabus als soziale Normen unausgesprochen oder
werden allenfalls durch indirekte Thematisierung (z. B. Ironie)
oder Schweigen angedeutet: Insofern ist das mit dem Tabu Be-
legte jeglicher rationalen Begründung und Kritik entzogen."

(Quelle: www.wikipedia.org)

Such dir dein Tabuthema aus und frage deinen Hund, warum genau dieses Thema ein Tabu für dich ist. Du wirst sicherlich Interessantes von deinem Kopfbewohner hören. Urteile nicht darüber, höre lediglich zu und bilde dir anschließend deine eigene Meinung. Solltest du dich mit deinen Freunden treffen, frag sie mal nach ihren Tabus. Ich bin sicher, ihr werdet richtig Spaß an den Folgegesprächen haben. Sprecht die Tabus an, dann sind sie nicht mehr tabu! Viel Spaß dabei.

DER DANK

Das wichtigste Thema zum Schluss. Was immer du in deinen verbleibenden Stunden, Tagen, Monaten oder Jahren tust, sei dankbar. Sei dankbar für alles, was dir auf deinem Weg begegnet. Sei dankbar für deine Wohnung, deinen Partner, deinen Körper, dein Umfeld, deine Armut oder deinen Reichtum usw. Sag danke, jedes Mal wenn du etwas tust oder erlebst. Alles hat einen Sinn und es gibt einen Grund dafür. Alles was du hier auf Erden erlebst, hast du dir selbst ausgesucht.

Frage deinen Hund! Er kennt die Antwort auf all deine Fragen. Frage ihn mit offenem Herzen und klarem Verstand. Er wird dir antworten, er ist dein weiser Freund.

Du gehst deinen Weg und niemand kann dich davon abbringen.

Entscheide dich für deine Werte und deine Erlebnisse, nimm dir das Recht dazu. Jeder hat das Recht.

Die Entscheidung zum Weg und das Erkennen des eigenen Verhaltens sollte dein Ziel sein. Urteile und richte nicht, über nichts und niemanden, am wenigsten über dich selbst.

Wie zu Beginn des Buches erwähnt ist das Geheimnis des Lebens die Wandlung. Jeder erschafft sich selbst seine Welt. Sei immer du selbst und gehe deinen Weg, es gibt keinen Mittelweg. Schreite mutig voran und bleibe dir treu, denn wie ein Spiegel reflektiert die Welt unsere Einstellung zu ihr. Die Reflexion entwickelt sich in der Einheit von Seele und Verstand.

Dieser Ratgeber soll dir ein Freund sein, er soll dich zum Nachdenken anregen und dich in wertvolle Gespräche mit deinen Mitmenschen bringen. Führ ihn mit dir und schlage je nach Situation das Kapitel auf, das dich gerade beschäftigt oder ärgert.

Danke, dass du dir die Zeit genommen hast, meinen Ratgeber zu lesen. Ich wünsche dir, dass du alle deine Erfahrungen erleben kannst und dich damit weiterentwickelst.

Sollten Themen, die dich betreffen, nicht in diesem Buch erwähnt sein, kontaktiere mich unter:

www.martin-beisert.com

Wir können uns auch gerne in einer kleinen Runde zusammensetzen und über das reden, worüber man nicht spricht. Traut euch einfach.

Martin Beisert, geboren 1965 in
Friedrichshafen am Bodensee im
Sternzeichen Waage. Seit meinem Studium
arbeite ich in einer Großfirma am Bodensee.
Mehr als 20 Jahre führt mich meine Arbeit
auf Reisen durch die verschiedensten
Kontinente und lehrt mich die
unterschiedlichen Mentalitäten. Heute lebe
ich immer noch in der Nähe von
Friedrichshafen am Bodensee und bin mit
einer wundervollen Frau verheiratet mit der
ich zwei tolle Kinder habe.
Ich bin Hobbyautor. Meine Freude am
Schreiben entdeckte ich rein zufällig.

„Die Marionetten"
Martin Beisert
ISBN: 978-3-7482-3548-4

Skrupellos bahnt sich Herbert Kortes seinen Weg in die oberste Führungsebene seiner Firma UTK in Friedrichshafen. Er legt alle menschlichen Werte dafür ab und vernachlässigt seine Familie und Freunde. Selbst die schwere Erkrankung der eigenen Tochter Sophie lässt ihn unberührt und bringt ihn nicht von seinem Karriereweg ab. Seine Frau Ursula vergnügt sich währenddessen mit ihren gleichgesinnten Freundinnen und lebt ihr eigenes Leben.

Durch die Hilfe eines Heilers wird Sophie, selbst für die Schulmedizin überraschend, wieder gesund. Sie ändert ihre Einstellung zum Leben völlig und bittet ihren Vater vergebens um Einhalt. Am Ziel der Karriereleiter angekommen holt Herbert seine Vergangenheit ein. Kurzerhand heuert er einen Auftragskiller mit fatalen Folgen an.

Ein Roman, besonders geeignet für Menschen die tieferen Sinn in ihrem Erdendasein suchen und vielleicht jetzt noch etwas in ihrem Leben verändern wollen. Frei nach dem Motto:

"JEDER BEKOMMT DAS, WAS ER VERURSACHT"

Bücherverweis des Autors:

„Der Manager"
Martin Beisert
ISBN: 978-3-7482-3387-9

Business, Erotik, Betrug:
Eine anfänglich nette und eigentlich langweilige Lebensgeschichte, mit einer Mischung aus Liebe, Erotik und Berufsleben gerät außer Kontrolle - der Familienvater Toni aus Friedrichshafen beginnt ein verzwicktes Doppelleben in Barcelona. Er gerät in Korruptions- und Drogenhändlerringe, welche sich bis in die höchsten Führungsebenen hinauf ziehen. Sie lassen ihn trotz Seelenkonflikten zum skrupellosen Manager werden, der seine Frau und seinen Sohn hintergeht, um nur für seine Karriere zu leben. Leider zu spät besinnt er sich auf die wirklich wichtigen Dinge im Leben. Liebe, Ehrlichkeit, Freude und Freiheit.
Ein fesselnder Thriller mit authentischem Inhalt. Knapp gehalten und deshalb besonders geeignet für Manager, die wenig Zeit zum Lesen finden.
Viel Spaß dabei!

FSC
www.fsc.org
MIX
Papier | Fördert
gute Waldnutzung
FSC® C083411

Zeitfracht Medien GmbH
Ferdinand-Jühlke-Straße 7
99095 Erfurt, Deutschland
produktsicherheit@kolibri360.de